El Poder Espiritual de las Siete Fiestas de Dios

Descubre la relevancia que estas celebraciones tienen para el cristiano y los eventos futuros

DIANA BAKER

CATEGORÍA: Vida Cristiana/Inspiración

Impreso en los Estados Unidos de América

ISBN-13:9781682120231

EISBN:1682120236

INDICE

INTRODUCCIÓN

"En tu presencia hay plenitud de gozo." Salmos 16:11

Me encanta este versículo. Me dice que Dios es una persona alegre y que en Él se encuentra la máxima expresión de gozo. Todo el mundo desea tener gozo. Todos quieren estar libre de problemas y poder disfrutar la vida al máximo. Dios dice que en Él se encuentra el gozo. Y no solamente gozo, sino plenitud de gozo, exceso de gozo, la medida máxima de gozo.

La palabra plenitud significa completo. Cuando algo está completo, está lleno y no hay lugar para más. Dios es nuestro TODO. En Él no hace falta absolutamente nada más. Estamos completos en Él. Y así, conociendo esta gran verdad, por fe nuestra copa rebosa de gozo, ¡siempre! (Salmo 23:5b). El calendario judío es marcado por siete fiestas específicas durante el año. Surge entonces la pregunta: ¿Cuál es su origen y propósito? Y también: ¿por qué es tan importante celebrar estas

1

fiestas?

Al avanzar en el desarrollo de este estudio quedaremos muy sorprendidos. Nos encontraremos con verdades poderosas que siguen estando vigentes para nosotros hoy. Este modelo profético que representan las siete fiestas nos abrirá un nuevo camino hacia la comprensión de dos verdades entrelazadas entre sí. Primero, que el Antiguo testamento nos presenta figuras de la verdadera realidad - "los cuales sirven a lo que es figura y sombra de las cosas celestiales…" (Hebreos 8:5). Y que esta realidad se cumplió en Cristo. Y segundo, este conocimiento espiritual de lo que representan las fiestas significa una fuente de poder espiritual para el cristiano aplicado en dedicarse a conocer más a su Señor. La revelación espiritual trae a la vida del cristiano poder espiritual. Y esto es lo que necesitamos para llevar una vida que de fruto y glorifique el nombre de Jesucristo *("…el que permanece en mí, y yo en él, éste lleva mucho fruto; porque separados de mí nada podéis hacer".* Juan 15:5).

Dios mismo instituyó estas fiestas. Él le dio las instrucciones precisas a Moisés (Levítico 23) y desde esa fecha, durante su trayectoria en el desierto hasta el día de hoy son celebradas de la misma manera.

Una fiesta es una celebración, es un momento de mucha alegría y gozo, es un momento especial motivado por alguna razón en particular. Una fiesta se celebra a lo grande – se sacan las mejores cosas de la casa, uno se pone lo mejor y el ambiente de fiesta es algo positivo, alentador, algo bueno y grandioso.

¿No te parece significativo de que Dios haya establecido que su pueblo celebre fiestas? Por lo general la idea de acercarse a Dios es a través de la solemnidad, la penitencia, el arrepentimiento, la cabeza agachada porque no somos dignos de levantarla delante de un Dios tan grande - o tal vez el adjetivo que viene a tu mente es el adjetivo 'severo'.

Sí, Dios es severo con la maldad y ésta no irá sin castigo pero cuando Dios, como Padre, se reúne con Sus hijos, cuando Dios quiere que Sus hijos se acerquen a Él, no espera que sea con solemnidad, más bien todo lo contrario – es con fiesta y celebración que Él desea relacionarse con nosotros. Fíjate bien en Salmo 100:2 y 4: *"Venid ante su presencia con regocijo... Entrad por sus puertas con acción de gracias, por sus atrios con alabanza."*

Dios espera que nosotros, Sus hijos nos acerquemos a su presencia con regocijo - alegría, gozo, fiesta. Si te regocijas no puedes estar solemne. Él desea que entremos en Su presencia con alabanza. La alabanza y la acción de gracias son expresiones de nuestro regocijo.

Pero tal vez, sería mejor leer todo el Salmo 100:

1 "Habitantes de toda la tierra, griten con todas sus fuerzas:

¡Viva Dios!
2 ¡Adórenlo con alegría! ¡Vengan a su templo lanzando gritos de felicidad!
3 Reconozcan que él es Dios; él nos hizo, y somos suyos.
Nosotros somos su pueblo: ¡él es nuestro pastor, y nosotros somos su rebaño!
4 Vengan a las puertas de su templo; ¡denle gracias y alábenlo!
5 Él es un Dios bueno; su amor es siempre el mismo, y su fidelidad jamás cambia." (TLA)

Si leemos con atención veremos que el tiempo de los verbos está en el imperativo, o sea que son órdenes, o mandamientos. Dios espera esta actitud y acción de nuestra parte y no permite que sea de acuerdo a nuestro sentimiento o voluntad. Si queremos agradarle, se hace a Su modo y no la nuestra. Entonces, venimos a Su presencia con alegría, con fiesta. Es idea de Dios – ¡y es buena! Festejar en Su presencia es algo grandioso y especial. Es traer el ambiente del cielo a la tierra. No podemos imaginar que el cielo sea un lugar solemne ¿verdad? No, no lo creo porque acabamos de leer que donde está Dios hay plenitud de gozo.

Cuando se trata de celebración es mejor hacerlo siempre a la manera de Dios, y vengamos ante el Padre con regocijo y fiesta. Y cada día del año podemos disfrutar de Su bondad y amor sin límites. ¡Aprovechémoslo!

1

LAS SIETE FIESTAS DE ISRAEL

Dios ha establecido las fiestas con propósitos muy específicos y con simbolismos muy particulares que tienen que ver con el pasado y también el futuro pero sobre todo, las fiestas proporcionan una ocasión de reunir el Hacedor con Sus hijos - cuando Su creación se detiene de todo en su vida agitada, para reflexionar en el Padre, el Creador, el Amado, el Siempre Presente.

A través de Su elección de siete santas convocaciones que se celebrasen todos los años por el pueblo elegido de Israel, Dios ha establecido un sistema profético infinitamente significativo y profundo. Él le dictó las fechas y conmemoraciones precisas a Moisés en el Monte Sinaí, y Sus instrucciones se registran en el capítulo 23 de Levítico.

Levítico 23 - Días y fiestas especiales

1. El Señor se dirigió a Moisés y le dijo:

2. Di a los israelitas lo siguiente: Éstas son las fechas especialmente dedicadas al Señor, y que ustedes llamarán reuniones santas.

3. Trabajarás durante seis días, pero el día séptimo no deberás hacer ningún trabajo; será un día especial de reposo y habrá una reunión santa. Dondequiera que vivas, ese día será de reposo en honor del Señor.

4. Éstas son las fechas especiales para celebrar las reuniones santas en honor del Señor, y en las cuales deberán reunirse:

5. El día catorce del mes primero, al atardecer, se celebrará la Pascua en honor del Señor.

6. El día quince del mismo mes se celebrará la fiesta de los panes sin levadura en honor del Señor. Durante siete días se comerá pan sin levadura. El primer día se celebrará una reunión santa. No hagan ninguna clase de trabajo pesado. Durante siete días deberán ustedes quemar ofrendas al Señor, y el día séptimo celebrarán una reunión santa. No deberán realizar ninguna clase de trabajo.

La fiesta de la primera cosecha

9 El Señor se dirigió a Moisés y le dijo: «Di a los israelitas lo siguiente: Cuando hayan entrado ustedes en la tierra que yo les voy a dar, y hayan cosechado su trigo, deberán presentar al sacerdote el primer manojo de su cosecha.

11 Al día siguiente del día de reposo, el sacerdote lo presentará al Señor como ofrenda especial, para que les sea aceptado.

12 Y el mismo día en que presenten el manojo, presentarán también un cordero de un año, sin defecto, como holocausto en honor del Señor.

13 Traerán, además, cuatro kilos y medio de la mejor harina amasada con aceite, para presentársela al Señor como ofrenda quemada de aroma agradable. Como ofrenda para derramar, se deberá presentar un litro de vino.

14 Hasta el día en que lleven ustedes su ofrenda al Señor, no deben comer pan, ni trigo tostado o fresco. Ésta es una ley permanente, que pasará de padres a hijos y dondequiera que ustedes vivan.

15 A partir del día en que lleven ustedes el manojo de trigo como ofrenda especial, es decir, a partir del día siguiente al día de reposo, deben contar siete semanas completas.

16 Y con el día siguiente al séptimo día de reposo, se completarán cincuenta días. Entonces presentarán al Señor su ofrenda de trigo nuevo, y llevarán de sus casas dos panes de la mejor harina cocidos con levadura, de unos cuatro kilos cada uno, como ofrenda especial de primeros frutos para el Señor.

18 Junto con los panes llevarán siete corderos de un año y sin defecto, un becerro y dos carneros, como holocausto en honor del Señor, ofrenda quemada de aroma agradable a él, además de sus ofrendas de cereal y de vino.

19 Ofrecerán además un chivo como sacrificio por el pecado, y dos corderos de un año como sacrificio de reconciliación. El sacerdote ofrecerá los animales como ofrenda especial en presencia del Señor, junto con el pan de los primeros frutos y los dos corderos. Serán consagrados al Señor, para el sacerdote.

21 Ese mismo día deben celebrar ustedes una reunión santa, y no hacer ninguna clase de trabajo pesado. Ésta es una ley permanente, que pasará de padres a hijos y dondequiera que ustedes vivan.

22 Cuando llegue el tiempo de cosechar, no recojas hasta el último grano de tu campo ni rebusques las espigas que se hayan quedado. Déjalas para los pobres y los extranjeros. Yo soy el Señor, el Dios de ustedes.

La fiesta de las trompetas

23 El Señor se dirigió a Moisés y le dijo: «Di a los israelitas lo siguiente: El día primero del mes séptimo celebrarán ustedes un día de reposo y una reunión santa conmemorativa con toque de trompetas.

25 Deberán quemar una ofrenda en honor del Señor, y no harán ninguna clase de trabajo pesado.

El Día del perdón

26 El Señor se dirigió a Moisés y le dijo:
27 El día diez del mismo mes séptimo será el Día del perdón. Deberán celebrar una reunión santa, y dedicar ese día al ayuno, y

quemar una ofrenda en honor del Señor.

28 No hagan ningún trabajo ese mismo día, porque es el Día del perdón, en que ustedes obtendrán el perdón ante el Señor su Dios.

29 El que no dedique ese día al ayuno, quienquiera que sea, será eliminado de entre su pueblo.

30 Y al que haga algún trabajo ese día, quienquiera que sea, lo haré desaparecer de su pueblo.

31 No hagan ningún trabajo. Es una ley permanente, que pasará de padres a hijos y dondequiera que ustedes vivan.

32 Será para ustedes un día de reposo y dedicado al ayuno, y lo contarán del atardecer del día nueve del mes hasta el atardecer del día siguiente.

La fiesta de las Enramadas

33 El Señor se dirigió a Moisés y le dijo: «Di a los israelitas lo siguiente: El día quince del mismo mes séptimo, y durante siete días, se celebrará la fiesta de las Enramadas en honor del Señor, con una reunión santa el primer día. No hagan ninguna clase de trabajo.

36 Durante esos siete días quemarán ofrendas en honor del Señor, y el octavo día celebrarán también una reunión santa y quemarán una ofrenda al Señor. Es un día de fiesta, y no deben hacer ninguna clase de trabajo pesado.

37 Éstas son las fechas especialmente dedicadas al Señor, a las que ustedes deben declarar reuniones santas y en las que presentarán al Señor ofrendas quemadas, holocaustos, ofrendas de cereales, sacrificios y ofrendas de vino, según el día que corresponda, aparte de los días de reposo en honor del Señor, y de los regalos y ofrendas prometidas o voluntarias que ustedes le hagan.

39 El día quince del mes séptimo, cuando ustedes hayan recogido ya la cosecha, celebrarán una fiesta de siete días en honor del Señor, con reposo el primer día y el octavo.

40 El primer día tomarán frutos de los mejores árboles, hojas de palmera y de árboles frondosos y de álamos del río, y durante siete días se alegrarán en presencia del Señor su Dios.

41 Cada año, en el mes séptimo, celebrarán una fiesta de siete días en honor del Señor. Es una ley permanente que pasará de padres a hijos.

42 Durante esos siete días todos ustedes, los israelitas de nacimiento, vivirán bajo enramadas, para que todos sus descendientes sepan que, cuando yo saqué de Egipto a los israelitas, los hice vivir bajo enramadas. Yo soy el Señor su Dios.»

44 De esta manera informó Moisés a los israelitas acerca de las fechas especialmente dedicadas al Señor." (DHH)

De hecho, un libro de gran tamaño sería necesario para exponer plenamente este capítulo 23 de Levítico y los resultados trascendentales de su simbolismo. Los acontecimientos del Nuevo Testamento, los futuros eventos vitales relacionados con la iglesia y los judíos -

de hecho, todo el plan de Dios desde el caos hasta la eternidad - se revelan ingeniosamente a través de la naturaleza de la distribución en el calendario de estas siete fiestas anuales. El lector se dará cuenta de que ahora estamos existiendo, por así decirlo, entre dos fiestas, y que en última instancia es importante para nosotros comprender el calendario de Dios en su esencia.

Cabe señalar que Dios fue muy práctico en la emisión de las siete fiestas dentro de un sólo capítulo de instrucción. Se mencionan en las Escrituras en otros lugares, pero estas necesidades vitales y fundamentales del Pacto Antiguo se reunieron en la forma más simple para que nadie las descuide. Si hubiere un capítulo de todo el Antiguo Testamento que el judío fiel querría recordar, es éste. Un error en la celebración de las siete fiestas - aunque sólo sea un error en la celebración del Día de la Expiación, el sexto – ¡daría como resultado el destierro del pueblo escogido!

Las fiestas se celebran hoy de manera alterada para los judíos que deseen seguir el Antiguo Pacto lo más fiel posible. Ya que su principal característica era el sacrificio, y dado que el sacrificio es imposible sin el Templo de Dios en Jerusalén, el significado original y la eficacia de las fiestas se ha perdido por completo. Y sin el conocimiento del Nuevo Testamento, incluso los cumplimientos de las fiestas - sus características de más gran alcance y la importancia de sus significados – son perdidos.

No se exige a los creyentes en Cristo guardar estas fiestas, por supuesto, pero el conocimiento de ellas aumenta en gran medida su fe. El Señor cumplió cada uno de ellos sin falta, incluso celebró la Pascua en su última noche aquí en la tierra.

A continuación vamos a examinar cada fiesta individualmente, dando el verso correspondiente de Levítico 23. En cada caso, veremos que hay un maravilloso cumplimiento en el Nuevo Testamento como lo indica la naturaleza de la fiesta.

La Fiesta de la Pascua

El año festivo comienza con la Pascua, que se celebra a principios de la primavera:

"El día catorce del primer mes, al atardecer, es la Pascua del Señor." (Levítico 23:5)

El Señor da tan solo un versículo para los requisitos de la Pascua, ya que los hijos de Israel y Moisés acababan de celebrarlo.

El capítulo 12 de Éxodo y los siguientes capítulos cuentan la historia monumental de la liberación nacional de Egipto, marcado por la terrible noche de la décima plaga. Dios simplemente asigna la fecha de la Pascua, pero a la vez alude a un concepto fascinante.

Es importante comprender que el calendario de Dios es un calendario lunar basado en las fases de la luna en lugar de las revoluciones de la Tierra alrededor del sol. Cada mes comienza con la luna nueva, llegando a la luna llena en medio del ciclo de veintiocho días.

Así, la Pascua siempre cae en luna llena - la primera luna llena de primavera. El ciclo lunar aproximado de veintiocho días es armonioso en toda la naturaleza, las mareas del mar suben y bajan con la luna y hasta el ciclo menstrual parece obedecer este ciclo de tiempo particular. La luna hace un calendario mucho mejor que el del sol, por supuesto, ya que cambia cada noche.

Aquellos acostumbrados a un calendario lunar podrían estimar, en una noche clara, qué día del mes es. El sol por supuesto, no cambia diariamente. Lo vemos en su totalidad o no lo vemos en absoluto. Es posible que Dios no haya preferido el uso del sol para los calendarios de los hombres puesto que la adoración del sol, tal como se practicaba abundantemente en Egipto, era la principal forma de paganismo. El hombre parecía cautivado por la magnificencia del sol y por lo tanto preferían adorar al objeto creado antes que al Creador.

En los cálculos hebreos, el día comienza al ponerse el sol, o sea, cuando sale la luna. Esto parece ser la intención de Dios desde el principio *"Y fue la tarde y fue la mañana del primer día".*

"Vino la noche, llegó la mañana: ese fue el primer día."
Génesis 1:5 (BLP)

Las flores del almendro florecen al final del invierno. Sus flores blancas y hermosas siempre llaman la atención. La Biblia hace mención de este hecho alentador de la naturaleza en una temporada sombría. Debemos apreciar que, incluso si una persona no sabía leer, o ni siquiera podía comprender un calendario, la Pascua era fácil de evidenciar. Todo lo que era necesario era que él se diera cuenta del florecer de la flor del almendro. Entonces la próxima luna llena sería la primera fiesta. Todas las demás fiestas se basan en la fiesta de la Pascua o en una simple enumeración de los días a partir de un punto dado.

Volvamos al significado de la Pascua, es sin duda la fiesta de la salvación. En este día, por la sangre del cordero (*"El cordero será un macho sin defecto, de un año."* Éxodo 12:5), la nación hebrea fue liberado del cautiverio. Es evidente que en ambos Testamentos, la sangre del Cordero libera de la esclavitud – libera al judío de Egipto y libera al cristiano del pecado.

Por lo tanto, no es una mera coincidencia, que nuestro Señor fue sacrificado en la Pascua. En la cena Él declaró claramente: *"este es mi sangre del nuevo pacto derramada por muchos para remisión de los pecados"* (Mateo 26:28). Juan el Bautista señaló claramente la persona de

Jesucristo como un sacrificio de sangre cuando dijo: *"He aquí el Cordero de Dios, que quita el pecado del mundo"* (Juan 1:29).

El cristiano celebra la Pascua, en efecto, al participar en el sacrificio del Señor. En Egipto, el judío marcó su casa con la sangre del cordero. Hoy en día el cristiano marca su casa, o sea, su cuerpo, 'la casa del espíritu', con la sangre de Cristo. El ángel de la muerte pasará por encima de cada cristiano de la misma manera que pasó sobre cada israelita en Egipto y no los tocó. Ya estamos viviendo nuestra vida eterna.

El notable cumplimiento de la Pascua en el día exacto ilustra un principio que veremos con cada una de las fiestas. Nuestro Señor cumplió cada fiesta en su día apropiado con una acción apropiada hasta el momento en que hemos llegado ahora en Su plan profético. Veremos que cada una de las siete fiestas, o bien han sido cumplidas ya o se ha profetizado su cumplimiento en referencia a su significado exacto.

La Pascua, entonces, representa nuestra salvación. No guardamos la fiesta en recuerdo del éxodo de Egipto, ya que sólo era la sombra de la gran redención venidera. El Señor mismo nos enseñó a *"haced esto en memoria de mí"*. Nosotros, efectivamente, tomamos la comunión, una parte de la fiesta original de la Pascua, en memoria del Señor.

La Fiesta de los Panes sin Levadura

"Jesús les dijo: Yo soy el pan de la vida; el que viene a mí no tendrá hambre, y el que cree en mí nunca tendrá sed." Juan 6:35 (LBLA)

La segunda fiesta comienza la noche siguiente:

"Y el día quince de este mismo mes es la fiesta solemne de los Panes sin levadura en honor del Señor; durante siete días comeréis panes sin levadura." Levítico 23:6

Dios les dijo a los judíos que comieran sólo el pan sin levadura puro durante la semana siguiente a la Pascua. La levadura en la Biblia simboliza el pecado y el mal. El pan sin levadura, que se come durante un período de tiempo (siete días) simboliza una vida santa, un caminar santo con el Señor. El apóstol Pablo hizo un comentario maravilloso acerca de la fiesta de la Pascua y los Panes sin Levadura. Pablo, como un erudito judío por supuesto era muy familiar con todo el significado:

"Limpiad la levadura vieja para que seáis masa nueva, así como lo sois, sin levadura. Porque aun Cristo, nuestra Pascua, ha sido sacrificado. Por tanto, celebremos la fiesta no con la levadura vieja, ni con la levadura de malicia y maldad, sino con panes sin levadura de sinceridad y de verdad". I Corintios 5:7-8 (LBLA)

El pan sin levadura en el Nuevo Testamento es, por supuesto, el cuerpo de nuestro Señor. Se le describe como "el pan de vida" (Juan 6:35). Él nació en Belén, que en hebreo significa la "casa de pan". Él utilizó el pan como una imagen de sí mismo.

"Os aseguro que si un grano de trigo no cae en tierra y muere, seguirá siendo un único grano. Pero si muere, producirá fruto abundante." Juan 12:24 (BLP)

Dios alimentó a los israelitas en el desierto con el maná del cielo, y Él alimenta a los cristianos en el mundo con el Pan de la Vida. El mismo trozo de pan utilizado por los judíos durante esta semana de los Panes sin Levadura es una buena figura de nuestro Señor.

El pan sin levadura que se emplea en esta fiesta se llama matzá. Cualquiera que haya visto la matzá judía puede ver que es rayada.

"... por sus heridas hemos sido sanados" Isaías 53:5

(En inglés la palabra "heridas" se traduce como rayas o heridas con forma de rayas, dando a entender las marcas que deja un látigo).

La matzá es perforada o traspasada.

"...me mirarán a mí, a quien han traspasado..." Zacarías 12:10.

Y por supuesto la matzá es pura, sin ningún tipo de levadura, como el cuerpo de Jesús fue sin pecado.

La ceremonia de la Pascua de romper un trozo de este

pan, de enterrarlo y luego resucitarlo (el trozo central, como el Hijo en la Trinidad) obviamente hace presente el Evangelio en medio de la moderna celebración de la Pascua judía.

Dios llevó a cabo esta misma ceremonia con el entierro de Jesús, nuestro precioso trozo de pan sin levadura, y lo más importante, Él lo realizó en el día exacto de la fiesta. Una vez más, la fiesta instituida se cumplió de manera notable e inconfundible.

Es fácil ver en el Evangelio que Jesús fue enterrado al inicio de la Fiesta de los Panes sin Levadura, ya que su cuerpo fue enterrado el caer el sol en el día de la Pascua, al comienzo del día decimoquinto de Nisán, el primer mes.

Nuestro *"grano de trigo"* fue efectivamente colocado en la tierra, y en el momento apropiado. Iba a levantarse de nuevo, por supuesto, y nuevamente de conformidad con el calendario de las fiestas, como veremos más adelante. No se puede enterrar definitivamente a un cristiano.

Siempre se ha especulado cómo fue que Jesús murió tan rápidamente en la cruz. La crucifixión normalmente duraba tres días. Una muerte lenta es justo lo que se quería lograr. La víctima moría poco a poco mientras el pueblo pasaba delante de la cruz, por la mañana y noche, cada día. Los romanos utilizaron esta forma lenta y terrible de la muerte para aterrorizar a la población de la provincia de Israel. Vemos en el Evangelio que el centurión no estaba dispuesto a creer que el carpintero joven y fuerte de Galilea murió en sólo seis horas.

La especulación se termina, por supuesto, si nos limitamos a entender la programación de las dos primeras fiestas. Nuestro Señor murió a tiempo para ser enterrado al bajar el sol de ese mismo día. Fue colocado en la cruz a las 9 horas ("la tercera hora") y bajado a las 15 horas. Hubo entonces el tiempo suficiente para envolver el cuerpo y enterrarlo antes que bajara el sol. La respuesta a por qué murió en seis horas es que era todo el tiempo que podía disponer. Nuestro Señor nunca faltó a una fiesta. Él dijo enfáticamente:

"Yo doy mi vida para tomarla de nuevo. Nadie me la quita, sino que yo la doy de mi propia voluntad. Tengo autoridad para darla, y tengo autoridad para tomarla de nuevo."

Juan 10:17-18 (LBLA)

Jesús no disponía de más tiempo porque debía morir a tiempo parar que sea sepultado y cumplir la fiesta de los Panes sin Levadura y además porque no podía faltar a la próxima fiesta. Él tenía que cumplir en su resurrección la fiesta de los Primeros Frutos.

Es probable que ahora surja una duda en cuanto al tiempo que Jesús estuvo muerto y sepultado. Para abordar esta cuestión importante te voy a referir a un artículo muy interesante que encontrarás en el Apéndice al final de la presente exposición.

La Fiesta de los Primeros Frutos (Primicias)

La tercera fiesta se celebra el domingo siguiente a los panes sin levadura:

"Habla a los hijos de Israel y diles: "Cuando entréis en la tierra que yo os daré, y seguéis su mies, entonces traeréis al sacerdote una gavilla de las primicias de vuestra cosecha. Y él mecerá la gavilla delante del Señor, a fin de que seáis aceptados; el día siguiente al día de reposo el sacerdote la mecerá." Levítico 23:10-11 (LBLA)

Dios quería una fiesta especial en la que los israelitas reconocerían la fertilidad de la hermosa tierra que Él les dio. Tenían que traer los primeros cultivos de la siembra de primavera *("primeros frutos")* al sacerdote en el templo quien lo debía mecer ante el Señor a favor de ellos. Esto debía hacerse *"el día siguiente al día de reposo"*, o sea el domingo. Como la fiesta de los panes sin levadura tiene una duración de siete días, uno de esos días caería un domingo y ese domingo sería el día para celebrar las Primicias cada año.

El motivo de esta fiesta es celebrar que Dios siembra nuevamente la tierra en la primavera.

Hay una importante verdad bíblica en el nombre de esta fiesta, porque "primero" implica que existe una segunda, una tercera, y así sucesivamente, y ese es el verdadero significado de la fiesta. Nosotros no sólo celebramos la resurrección del Señor en la fiesta de los Primeros Frutos, en la que de hecho ocurrió, pero más aún, celebramos ¡la resurrección de toda la Iglesia! Todos seremos resucitados e iremos al cielo, tal como el Señor lo hizo, "cada uno en su debido orden." El apóstol Pablo presenta esto de manera brillante:

"Porque así como en Adán todos mueren, también en Cristo todos serán vivificados. Pero cada uno en su debido orden: Cristo, las primicias; luego los que son de Cristo en su venida."

1 Corintios 15:22,23 (LBLA)

Pablo deja muy claro el verdadero significado de la fiesta. La resurrección del Señor mismo es una gran noticia en verdad, y digno de una celebración, pero no estamos tan sorprendidos por ello. Después de todo, el Señor mismo podía resucitar a los muertos. Él caminó sobre el agua. Él es el Hijo de Dios. El verdadero milagro es que ¡cada uno de nosotros, pecadores mortales experimentará esta resurrección!

Aparentemente todos tenemos un número e iremos en ese orden. El número de Jesús es el número uno. Él fue el primero de las Primicias porque Él es las Primicias. Él fue el primer hombre resucitado de forma permanente. Tu padre tiene un número menor que tú, y tu abuelo un número menor que él, si fuesen salvo en ese orden. De todas maneras, ¡nos iremos todos! Obviamente, *"los muertos en Cristo resucitarán primero"* (I Tesalonicenses 4:16-17), ya que tienen los números más bajos.

¡Qué sencillo es todo esto si comprendemos estas fiestas! Jesús, por supuesto, celebró el domingo de la semana de la crucifixión al levantarse de entre los muertos. No eligió otro día sino el mismo día de las Primicias, por supuesto, de la misma manera que había cumplido en sí mismo la Pascua y los Panes sin Levadura, cada uno con la acción apropiada. Jesús incluso presentó al Padre su ofrenda de primeros frutos adecuada. Los sepulcros se abrieron y los muertos se levantaron y fueron vistos después de su resurrección en Jerusalén (Mateo 27:53). El Señor, como cualquier sembrador judío, con gratitud, le dio al Padre los primeros cultivos de lo que sería una magnífica cosecha más adelante.

Las Primicias fue la última de las fiestas donde se vio cumplir personalmente al Señor aquí en la tierra. Pero Su ministerio a la Iglesia iba a seguir, por supuesto, en las fiestas siguientes, y otra vez, cada uno en sus días correspondientes. Pasamos ahora a la cuarta fiesta, que tendrá lugar cincuenta días después de los Primeros Frutos.

La Fiesta de La Cosecha (Pentecostés)

Dios dio instrucciones muy específicas para contar el número apropiado de días hasta la Fiesta de la Cosecha, la cual nos referimos como Pentecostés. En realidad, marcaba la cosecha de verano, la segunda del año, en la que muchos más cultivos se disponían que en los Primeros Frutos (pero no tantos como se obtendría en la gran cosecha de otoño):

"Desde el día en que ofrecisteis la gavilla de espigas mediante el rito de la elevación, es decir, desde el día siguiente al día de reposo, contaréis siete semanas completas. Deberéis contar hasta el día siguiente de la séptima semana, es decir, cincuenta días; entonces presentaréis al Señor una ofrenda de grano nuevo." Levítico 23:15-16.

Pentecostés, por lo tanto, cae siempre un domingo, nuevamente "el día siguiente al día de reposo", exactamente cincuenta días después de los Primeros Frutos. Un buen número de instrucciones se dan en los siguientes versículos de Levítico 23 que son de interés. Hemos estado pasando por alto diversas instrucciones para las fiestas, pero dos versículos en particular, nos dan datos muy interesantes, que muestran la planificación cuidadosa de Dios para el futuro:

"Traeréis de vuestras moradas dos panes para ofrenda mecida, hechos de dos décimas de un efa; serán de flor de harina, amasados con levadura, como primeros frutos al Señor"

23

Levítico 23:17 (LBLA)

Esta instrucción sutil indica una gran verdad. Estos dos "panes" para la ofrenda mecida son de igual peso y están cocidos con levadura. Se les llama "primeros frutos" o primicias. Ya que están cocidos con levadura representan al hombre pecador (ciertamente no representan a Jesús ni al Espíritu Santo, que son representados sin levadura) y puesto que son "primicias" representan los redimidos o los resucitados. Obviamente Dios estaba prediciendo aquí que la Iglesia se compondría de dos partes, judía y gentil. Parece que pensamos en la Iglesia hoy como totalmente gentil, pero por supuesto que siempre ha sido parte judía, ya que el Señor retiene inevitablemente un remanente de su pueblo.

"Y derramaré sobre la casa de David y sobre los habitantes de Jerusalén, el Espíritu de gracia y de súplica, y me mirarán a mí, a quien han traspasado. Y se lamentarán por El, como quien se lamenta por un hijo único, y llorarán por El, como se llora por un primogénito."

Zacarías 12:10 (LBLA)

"Aquel día habrá una fuente abierta para la casa de David y para los habitantes de Jerusalén, para lavar el pecado y la impureza." Zacarías 13:1 (LBLA)

La mayor parte de judíos se unirá a la Iglesia como parte del Reino en la Segunda Venida (Zacarías 12:10;

13:1) cuando "todo Israel será salvo" (Romanos 11:26).

La siguiente instrucción para Pentecostés también es interesante ya que es un mandamiento extraño:

"Cuando seguéis la mies en vuestros campos, no segaréis hasta el último rincón, ni espigarás tu siega, sino que dejarás el espigueo para el pobre y el extranjero. Yo soy el Señor, vuestro Dios."
Levítico 23:22

Algunos de esos pobres que comían de esos rincones de los campos que se quedaron sin cosechar, de acuerdo con la ley, fueron Jesús y Sus discípulos (Mateo 12:1).

El Señor, por supuesto, se reunió con sus discípulos después de su resurrección y les enseñó durante cuarenta días (Hechos 1:3), y luego se les ordenó esperar en Jerusalén hasta que viniera el Espíritu Santo. El Espíritu Santo vino exactamente en el día de la fiesta (Hechos 2:1) y recogió una cosecha de unas tres mil almas.

¡Qué alentador fue esto para el grupo de cristianos que esperaba con temor la promesa del Señor de un Consolador. Considera a Pedro, quien sólo siete semanas antes, había negado conocer al Señor en tres ocasiones. Ahora era capaz de predicar la doctrina poderosa de Pentecostés, para citar claramente del profeta Joel y los Salmos, y para llevar a una multitud masiva de judíos al Mesías.

El cumplimiento fue exactamente de acuerdo con el propósito de la fiesta. Fue una mayor cosecha de almas de la que el Señor le había presentado en los Primeros Frutos, pero, por supuesto, sólo una muestra de la gran cosecha que vendrá en el Rapto de la Iglesia.

El número tres mil es un número significativo. Ese mismo número fueron los que murieron en el día que se dio la ley en el Monte Sinaí, a causa del becerro de oro (Éxodo 32:28). *"La letra mata, el Espíritu vivifica."*

Debe haber sido este uno de los principales argumentos de los discípulos después de Pentecostés, al ser testigos a los judíos, que las fiestas se habían cumplido en forma notable en ese año trascendental. Cualquier cosa que ellos pueden haber pensado previamente acerca del maestro rústico de Galilea, sin duda tuvieron que admitir que era más que una coincidencia que fue crucificado en la Pascua, enterrado en los Panes sin Levadura, levantada en las Primicias, y que había enviado el Espíritu Santo en Pentecostés. Cuatro coincidencias son difíciles de explicar, sobre todo cuando cada uno se adecua tan exactamente y completamente a su propósito específico.

La misma situación se aplica aún hoy en día, debido a que todavía no hemos visto el cumplimiento de la fiesta número cinco. Quedamos a las órdenes de Pentecostés, continuamos en el cultivo del verano. Seguimos siendo *"los trabajadores de un campo"* hasta ese día de la gran cosecha marcada por la próxima fiesta.

La Fiesta de Trompetas

Dios parece disfrutar de la trompeta. Desde que Isaac se salvó gracias al carnero que se trabó por su cuerno en un zarzal, la trompeta, o en los tiempos bíblicos, el cuerno de carnero, ha sido especial para Dios.

Sí, en verdad que la trompeta es especial para Dios. ¡Y Él tiene una trompeta! ¡Y Él mismo la hará sonar cuando regrese Jesús!

"Pues el Señor mismo descenderá del cielo con voz de mando, con voz de arcángel y con la trompeta de Dios, y los muertos en Cristo se levantarán primero."

I Tesalonicenses 4:16 (LBLA)

La trompeta en realidad es el shofar – un cuerno de carnero. Es un instrumento muy singular. Escuchar el sonido de la trompeta le recuerda al cristiano que la batalla ha sido ganada, que él ya tiene la victoria, que el enemigo está derrotado. El sonido de la trompeta hacer huir al enemigo porque le recuerda que está vencido.

Para que exista una trompeta o shofar, un carnero tuvo que derramar su sangre y dar su vida. Jesús ha derramado Su sangre y ha dado Su vida, como el carnero que nos deja su cuerno. El sonar de la trompeta nos recuerda el sacrificio de Jesús quien nos ha conseguida la victoria y le recuerda a Satanás que está derrotado porque la sangre de Jesús ha sido derramado para cubrir nuestros pecados.

Por lo tanto, no es de poca relevancia de que cuando regrese Jesús escucharemos sonar la *"trompeta de Dios"*, anunciando a todos, la victoria eterna de Su Hijo y la derrota final del enemigo. El sonido de esa trompeta será algo poderoso y será un sonar largo para que a nadie se le escape y todos sepan que el mismo Dios ha descendido.

En la conquista de Jericó, Dios le dio a Josué la estrategia del sonar de las trompetas para derribar los muros. Creo que Dios disfrutó mucho utilizar este instrumento tan pequeño para lograr la primera conquista. Nos debe mostrar que las batallas se ganan cuando dejamos que Dios esté en control y luego nos da la victoria de maneras tan insólitas que no podemos menos que asombrarnos.

"Y el Señor dijo a Josué: Mira, he entregado en tu mano a Jericó y a su rey con sus valientes guerreros. Marcharéis alrededor de la ciudad todos los hombres de guerra rodeando la ciudad una vez. Así lo harás por seis días. Y siete sacerdotes llevarán siete trompetas de cuerno de carnero delante del arca; y al séptimo día marcharéis alrededor de la ciudad siete veces, y los sacerdotes tocarán las trompetas. Y sucederá que cuando toquen un sonido

prolongado con el cuerno de carnero, y cuando oigáis el sonido de la trompeta, todo el pueblo gritará a gran voz, y la muralla de la ciudad se vendrá abajo; entonces el pueblo subirá, cada hombre derecho hacia adelante. "Josué 6:2-5 (LBLA)

También especifica su uso en el Año del Jubileo:

*"Contarás también siete semanas de años para ti, siete veces siete años, para que tengas el tiempo de siete semanas de años, es decir, cuarenta y nueve años. "Entonces tocarás fuertemente el cuerno de carnero el décimo día del séptimo mes; en el día de la expiación tocaréis el cuerno por toda la tierra. "Así consagraréis el quincuagésimo año y proclamaréis libertad en la tierra para todos sus habitantes. Será de jubileo para vosotros, y cada uno de vosotros volverá a su posesión, y cada uno de vosotros volverá a su familia. "*Levítico 25:8-10 (LBLA)

En esta oportunidad las trompetas se utilizaron para *"proclamar libertad en la tierra a todos los habitantes."*

Pero incluso aún antes de la conquista de Jericó, Dios instruyó a Moisés en el monte Sinaí sobre las trompetas en lo que respecta a nuestra quinta fiesta.

"Habla a los israelitas y diles: El primer día del séptimo mes será para vosotros un día de descanso solemne en el que celebraréis una asamblea santa convocada al son de trompeta." Levítico 23:24

Para visualizar el año como fue prescrito, vemos que hemos saltado bastante tiempo desde Pentecostés. Las primeras tres fiestas, se realizaron por supuesto, en el primer mes, normalmente en abril. Pentecostés ocurrió en la primera parte del verano, por lo general a finales de mayo o principios de junio. Ahora vamos hacia el primer día de Tishrei, en el calendario judío, el séptimo mes, que se produce en el otoño, en septiembre. Este salto en el tiempo parece representar a la Era de la Iglesia en la planificación de Dios, ya que la trompeta representa, sin duda, el Rapto de la Iglesia.

La trompeta era la señal para que los trabajadores del campo entrasen al templo. El sumo sacerdote se paraba en el parapeto al sudoeste del Templo y sonaba la trompeta para que pudiera ser escuchada en los campos de los alrededores. En ese instante, los fieles detendrían la cosecha aunque hubiera más cultivos para cosechar y dejaban todo de inmediato para ir y participar de los servicios de adoración. El Señor utilizó esta imagen. Podemos imaginar la escena de un judío y un árabe trabajando juntos, uno al lado del otro en el campo, como lo hacen aún hoy en día. Cuando la trompeta sonara, el judío dejaría todo inmediatamente, y el árabe, con una creencia contrario, por supuesto, seguiría cosechando los cultivos. Así, el Señor declaró:

"Estarán dos en el campo; uno será llevado y el otro será dejado." Mateo 24:40 (LBLA)

El Rapto está claramente asociado con trompetas:

"Porque cuando Dios dé la orden por medio del jefe de los ángeles, y oigamos que la trompeta anuncia que el Señor Jesús

baja del cielo, los primeros en resucitar serán los que antes de morir confiaron en él. Después Dios nos llevará a nosotros, los que estemos vivos en ese momento, y nos reunirá en las nubes con los demás. Allí, todos juntos nos encontraremos con el Señor Jesús, y nos quedaremos con él para siempre." I Tesalonicenses 4:16,17 (LBLA)

"Les voy a contar algo que Dios tenía en secreto: No todos moriremos, pero todos seremos transformados. En un abrir y cerrar de ojos, cuando Cristo vuelva, se oirá el último toque de la trompeta, y los muertos volverán a vivir para no morir jamás. Y nosotros seremos transformados." I Corintios 15:51, 52 (TLA)

Cuando suene la gran trompeta, el milagro que supera todos los milagros se llevará a cabo. Los creyentes que viven subirán de la tierra. Las tumbas devolverán a sus muertos. Todos los creyentes serán cambiados, transformados y equipados para la inmortalidad.

El triunfo del poderoso Josué en Jericó es un tipo del Rapto de la Iglesia. Allí, el pueblo gritó, y tocaron las trompetas, y las paredes cayeron, y cada hombre "subió" a la ciudad.

Hermosa Jericó, con sus jardines de flores y cítricos, es un precioso oasis en un desierto muy árido. Fue el lugar donde Dios decidió llevar a Su pueblo como la tierra prometida. Fue lo primero que vieron que no fuese un desierto árido e imposible en unos cuarenta años.

Fueron largos años de contemplar sólo la inutilidad de un desierto vacío pero ahora sus ojos podían divisar una gran belleza. De la misma manera, con los cristianos, nuestra visión de los cielos, en el Rapto, representará el final de un largo viaje a través del desierto para cada uno de nosotros.

Toda la historia del éxodo - la historia de la Pascua, nuestra primera fiesta - ilustra la salvación del creyente. En primer lugar, estaba la sangre del cordero, que lo libró de la muerte, luego el viaje a través del Mar Rojo - nuestro bautismo, y luego el deambular en el desierto - la vida en la tierra, y, por último, Jericó - el cielo, cuando las trompetas suenan.

Hay una comparación muy cercana entre los versículos de Josué 6:5 y I Tesalonicenses 4:16-17, como si Dios indicara a propósito esa correlación.

"Y sucederá que cuando toquen un sonido prolongado con el cuerno de carnero, y cuando oigáis el sonido de la trompeta, todo el pueblo gritará a gran voz, y la muralla de la ciudad se vendrá abajo; entonces el pueblo subirá, cada hombre derecho hacia adelante." Josué 6:5 (LBLA)

Si los israelitas pudieron creer que su grupo de hombres sencillos con sus mujeres y niños pudieran cruzar el Jordán y asaltar la poderosa ciudad de Jericó, con sus enormes paredes, y de alguna manera tomar la ciudad, entonces el cristiano también puede creer que podrá levantarse de la tierra y recibir al Señor en el aire.

El factor decisivo está en el nombre del líder, que en ambos casos fue Josué que significa salvador. El nombre de Jesús en la tierra fue, por supuesto, Yeshúa, en hebreo, que es Josué, en español.

Lamentablemente, sólo una pequeña parte de los judíos (el remanente que se encuentre en la Iglesia en el momento del Rapto) verá esta magnífica realización. Jeremías, quién entendía claramente, hizo su pronóstico y lamentaba la situación cuando expresa lo siguiente:

"Pasó la siega, terminó el verano, y nosotros no hemos sido salvados." Jeremías 8:20 (LBLA)

Pero para los judíos restantes del mundo, que no participarán en el Rapto de la Iglesia, Dios tendrá una restauración a la tierra prometida. Hemos visto una parte de los judíos retomar la tierra, por supuesto, pero Isaías indica que todos van a volver al sonar de la trompeta:

"Y sucederá en aquel día que el Señor trillará desde la corriente del Éufrates hasta el torrente de Egipto, y vosotros seréis recogidos uno a uno, oh hijos de Israel. Sucederá también en aquel día que se tocará una gran trompeta, y los que perecían en la tierra de Asiria y los desterrados en la tierra de Egipto, vendrán y adorarán al Señor en el monte santo en Jerusalén."

Isaías 27:12-13 (LBLA)

Podríamos suponer que esto sería un paso lógico para los judíos que han quedado en la tierra en el período de la tribulación después de la Iglesia se haya ido. El pueblo judío, entonces, se verá en dificultades para hallar amigos. Desde luego, no se inclinarán ante el Anticristo, sobre todo cuando entre en el Templo.

"Que nadie os engañe en ninguna manera, porque no vendrá sin que primero venga la apostasía y sea revelado el hombre de pecado, el hijo de perdición, el cual se opone y se exalta sobre todo lo que se llama dios o es objeto de culto, de manera que se sienta en el templo de Dios, presentándose como si fuera Dios." II Tesalonicenses 2:3-4 (LBLA)

Y la mejor defensa del pueblo judío será mantenerse firme, codo a codo con sus hermanos en la Tierra Santa. Esto es lo que va a suceder para que el Señor los encuentre a todos reunidos cuando Él vuelva.

"Cuando esto suceda, todo Israel alcanzará la salvación, pues la Escritura dice: El libertador vendrá de Sión y apartará de Jacob la maldad." Romanos 11:26 (DHH)

Vemos entonces, que la Fiesta de las Trompetas ocurre en la séptima luna nueva del año - un momento significativo para la conclusión de una era. La Iglesia será sacada del mundo, y Dios continuará hacia el difícil cumplimiento de la siguiente y más sagrada de las fiestas judías.

La Fiesta de la Expiación

En el temible Día de la Expiación, el judío, literalmente, o vivía o moría, de acuerdo a la voluntad de Dios:

"El día décimo de este mes séptimo tendrá lugar el Día de la Expiación; celebraréis una asamblea santa, ayunaréis y presentaréis ofrendas al Señor." Levítico 23:27

Este era un día para la confesión y lo sigue siendo. Israel debía "afligir su alma" de forma individual y ser consciente de su pecado nacional. Este era el día en el que el Sumo Sacerdote de Israel entraba en el temible Lugar Santísimo, donde Dios mismo habitaba.

¿Qué significa la palabra expiación? El diccionario nos da esta respuesta: Pago o reparación de las culpas mediante la realización de algún sacrificio. Y algunos sinónimos serían: purificación, sacrificio, pena, castigo.

Debes entender que la Santidad de Dios requiere un sacrificio de sangre para cubrir el pecado. La paga del pecado es la muerte porque rechazar a Dios y rechazar Sus leyes no son cosas livianas – merecen la muerte. Pero Dios, en Su infinita misericordia dispuso que Su pueblo tuviese una salida a esta muerte inevitable - la confesión de pecado y el arrepentimiento acompañado de un sacrificio y el derramamiento de sangre (de un animal). Una vez al año el sumo sacerdote intercedía por todo el pueblo por el perdón de sus pecados. Si

Dios aceptaba el sacrificio, el sacerdote vivía y si no
fuese aceptada, el sacerdote moriría.

Jesús, en la cruz, derramó su propia sangre para cubrir
nuestro pecado. Él expió nuestros pecados; Él pagó el
precio. Y lo hizo una vez para siempre. Ya no hace falta
hacer el sacrifico de un animal en nuestro lugar porque
es el propio Hijo de Dios Altísimo quien se ha
sacrificado por mí, y por todo aquel que cree, para
librarnos de la muerte y darnos redención y salvación.

Levítico Capítulo 16 - El gran día del perdón
Preparativos de la celebración

*1. Como dos de los hijos de Aarón murieron por acercarse
demasiado al altar, Dios le hizo a Moisés la siguiente
advertencia:*

*2. Hazle saber a tu hermano Aarón que el Lugar Santísimo, en
la parte interior del santuario, es un lugar muy especial. Allí
acostumbro aparecerme, sobre la parte superior del cofre del pacto.
Por lo tanto, Aarón no debe entrar allí en cualquier momento,
pues podría morir cuando yo me aparezca.*

*3. Pero si piensa entrar al Lugar Santísimo, deberá bañarse y
ponerse su traje sacerdotal; es decir, el manto, la ropa interior, el
cinturón y el gorro. Entonces me presentará un ternero como
ofrenda para el perdón de pecados y quemará un carnero en mi
honor.*

Ritual de reconciliación

5. Para el perdón de su propio pecado, y por el pecado de su familia, Aarón me presentará un ternero. Por el pecado de los israelitas, me presentará dos chivos y un carnero, que los israelitas mismos le entregarán.

7. Quemará el carnero en mi honor. Luego le indicaré cuál de los chivos me ofrecerá, y cuál enviará al demonio Azazel, que habita en el desierto. El chivo que me ofrezca a mí, me lo presentará a la entrada del santuario, como ofrenda para el perdón de pecados. El chivo para Azazel lo dejará con vida y lo mandará al desierto.

11. Después de que Aarón me haya presentado su propio ternero como ofrenda para el perdón de sus pecados y los de su familia, tomará el hornillo donde se quema el incienso, y dos puñados de incienso aromático. Pondrá brasas de mi altar en el hornillo, y con éste en sus manos, entrará en el Lugar Santísimo, que está detrás de la gran cortina. Allí echará el incienso en el fuego del hornillo para que el humo envuelva la tapa que cubre el cofre del pacto. Así no morirá.

14. Después de eso, Aarón mojará su dedo en la sangre del ternero y rociará uno de los costados de la tapa del cofre del pacto. Luego, siete veces rociará con sangre la parte delantera de la tapa. Enseguida me presentará el chivo, que es la ofrenda para el perdón de pecados del pueblo; y luego llevará la sangre al Lugar Santísimo, y hará lo mismo que hizo con la sangre del ternero. Así Aarón obtendrá el perdón de los pecados y purificará a los israelitas, al Lugar Santísimo y al santuario.

La purificación del altar

17. Nadie deberá estar cerca del santuario mientras Aarón esté allí para obtener el perdón del pecado de todos. Cuando él salga de allí, irá hasta mi altar y lo purificará. Mojará su dedo en la sangre del ternero y del chivo, y untará cada una de las puntas del altar, y luego lo rociará siete veces. Así limpiará el altar de las impurezas de los israelitas, y lo consagrará a mi servicio.

El chivo enviado al desierto

20. Cuando Aarón termine de hacer todo esto, me presentará el otro chivo, el que dejó con vida. Pondrá sus dos manos sobre la cabeza del animal y confesará sobre él todos los pecados de los israelitas, y así pondrá sobre el chivo los pecados del pueblo. Luego el chivo será llevado al desierto, para que se lleve con él todos los pecados cometidos por los israelitas.

Últimas prescripciones

23. Después de eso, Aarón entrará en el santuario, se quitará la ropa de lino que se puso al entrar en el Lugar Santísimo, se lavará con agua en el lugar apartado para eso, y volverá a ponerse su ropa normal. Entonces saldrá y quemará en mi honor su ofrenda y la ofrenda del pueblo, para que yo perdone sus pecados y los del pueblo. Además, quemará sobre el altar la grasa de los animales que se ofrecen para el perdón de pecados.

26. El que lleve el chivo al desierto, tendrá que lavar su ropa y bañarse antes de entrar de nuevo en el campamento. Los restos del ternero y del chivo se sacarán del campamento, y allí se quemarán. La persona que los queme deberá lavar su ropa y bañarse antes de entrar de nuevo en el campamento.

29. Este mandamiento no sólo es válido para los israelitas, sino para todo refugiado en el país. El día séptimo del mes de Tébet, no deberán comer nada, ni harán ningún trabajo. Será un día de descanso completo y de ayuno, pues en ese día yo les perdonaré todos sus pecados.

32. La ceremonia la realizará el sacerdote que esté autorizado. Se pondrá su traje sacerdotal de lino y purificará el Lugar Santísimo, el santuario y el altar, y también a los sacerdotes y a todo el pueblo. Para obtener el perdón de sus pecados, deberán cumplir este mandamiento una vez al año." (TLA)

Todo se hizo como lo había ordenado Moisés.

El sumo sacerdote haría un sacrificio en su propio nombre, y luego un sacrificio en nombre de todos los pecados de todos los hijos de Israel. Era una ocasión de lo más solemne, siendo tratado aún hoy como el más alto de los días santos. Podemos apreciar algunas de las leyes difíciles que vemos en el capítulo 23 de Levítico, junto con los castigos relacionados con este sagrado día:

"No haréis ningún tipo de trabajo en ese día; es el Día de la Expiación, el día en que se hace expiación por vosotros ante el Señor vuestro Dios. Toda persona que no ayune en ese día será extirpada de su pueblo. Y a cualquiera que haga algún tipo de trabajo en ese día, yo lo eliminaré de su pueblo." Levítico 23:28-30

Para la más mínima violación en términos de trabajar ese día (como por ejemplo levantar algo demasiado pesado o caminar demasiado lejos), uno podría ser cortado de su pueblo, y por lo tanto ya no ser parte del pueblo elegido. Otras visitas al templo serían innecesarias, ya que la redención sería entonces inútil. En cuanto al tiempo de duración de la confesión, Dios especificó que debía ser veinticuatro horas:

"Será para vosotros un día de descanso absoluto en el que ayunaréis y os abstendréis de trabajar desde el anochecer del día noveno del mes hasta el anochecer del día siguiente." Levítico 23:32

Sería probable que muchos se rehúsen al pensar en las veinticuatro horas continuas de confesión, pero la realidad es que los judíos estaban confesando los pecados de todo un año. Podríamos incluso resistirnos a la idea de simplemente permanecer despierto durante veinticuatro horas, pero si nuestra salvación estuviera en juego, trataríamos de lograrlo de cualquier manera posible. Tales eran las bendiciones y maldiciones del pueblo de Dios.

Si buscáramos en el Nuevo Testamento sobre el cumplimiento del Día de la Expiación sería en vano. Esta es la única fiesta que no es cumplida por la Iglesia, porque la Iglesia no debe ninguna expiación. La Iglesia no es inocente, por supuesto, pero es exonerada. Jesús pagó los pecados de cada uno de nosotros. Pero estas son fiestas judías, y cada una se cumple para los judíos. El Día de la Expiación se cumplirá de una manera maravillosa, cuando el Señor vuelva en Su segunda venida. La maravillosa poesía de Zacarías imagina la reacción de Israel al ver el Rey de los judíos que regresa:

"Llenaré de espíritu de bondad y oración a los descendientes de David y a los habitantes de Jerusalén. Entonces mirarán al que traspasaron, y harán duelo y llorarán por él como por la muerte del hijo único o del hijo mayor." Zacarías 12:10 (TLA)

"En aquel día se abrirá un manantial, para que en él puedan lavar sus pecados y su impureza los descendientes de David y los habitantes de Jerusalén." Zacarías 13:1 (DHH)

En efecto, Israel se sentirá profundamente afligido, en presencia de su Rey:

"Y si alguien le pregunta: "¿Pues qué heridas son esas que traes en el cuerpo?", él contestará: "Me las hicieron en casa de mis amigos." Zacarías 13:6 (DHH)

Pero la expiación será aceptada. Dios habrá por fin terminado su separación de Israel, Su esposa original. El libro de Oseas detalla el adulterio de Israel, como tipo, y su redención y purificación final. Vale la pena recordar las palabras de Pablo:

"Entonces todo Israel se salvará, según dice la Escritura: De Sión vendrá el libertador que alejará la iniquidad del pueblo de Jacob." Romanos 11:26 (BLP)

41

A veces los cristianos se confunden por la predicación que indica que "todos los judíos se salvarán de todos modos, así que ¿por qué deberíamos molestarnos nosotros a predicarles ahora? " Esta sería una lectura errónea de las Escrituras, ya que se salvará sólo el Israel que sobreviva cuando el Señor regrese. Una persona que muere ahora, antes de ser salvado, sea judío o gentiles, no puede obtener la salvación en el futuro, y se debe tener en cuenta que va a ser muy difícil que el pequeño Israel pueda sobrevivir a la tribulación en gran número. Los profetas se lamentan de que dos terceras partes de esa nación perecerán a manos del Anticristo.

La Fiesta de los Tabernáculos

La figura profética se hace mucho más brillante con la ocasión feliz de la séptima fiesta:

"Habla a los hijos de Israel y diles: A los quince días de este mes séptimo será la fiesta solemne de los tabernáculos a Jehová por siete días." Levítico 23:34

Dios quería celebrar el hecho de que Él proporcionó refugio a los israelitas en el desierto – en todos los 40 años cuando deambularon en el desierto no les faltó ni comida, ni agua, ni ropa aunque estaban en un lugar inhóspito y lejos de todo, porque Él proveyó todo, como un Padre amoroso.

¿Qué es un tabernáculo? La palabra en hebreo significa "morada"; también se emplea como "lugar de encuentro" – un lugar donde Dios se encuentra con Su pueblo, un lugar donde el pueblo se encuentra con su Dios.

El tabernáculo se refiere al santuario móvil para la presencia divina durante el tiempo que los Israelitas estuvieron en el desierto y los primeros tiempos de su conquista de Canaán (Éxodo 25-27) En efecto era una gran carpa o tienda hecha de medidas muy específicas dadas por Dios (Éxodo 25-31). El tabernáculo era rectangular de unos 13 metros de largo y unos 4 metros de ancho y de altura. Tenía dos divisiones: el Lugar Santo y más adentro, el Lugar Santísimo.

El Lugar Santo medía unos 8 metros de largo y contenía el candelabro de oro de siete brazos, la mesa de los panes de la proposición y el altar en que quemaban los inciensos. En el Lugar Santísimo estaba el Arca del pacto donde se custodiaban las Tablas de la Ley, la vara de Aarón y el maná (Hebreos 9:4).

Un velo bellísimo, suspendido de cuatro columnas de madera cubiertas de láminas de oro, separaba al Lugar Santo del Lugar Santísimo. El velo tenía un grosor de alrededor de 10 centímetros de cuero sólido.

"Durante siete días habitaréis en tiendas de campaña; todo nacido en el país de Israel habitará en tiendas, para que sepan vuestros descendientes que yo hice que los israelitas

vivieran en tiendas cuando los saqué de la tierra de Egipto. Yo soy el Señor, vuestro Dios. "Levítico 23:42 y 43 (BLP)

Cada año en la Fiesta de los Tabernáculos, el día quince del séptimo mes, o la séptima luna llena del año, los judíos devotos construyen pequeños refugios o enramadas fuera de sus casas, y allí 'moran durante siete días para adorar y tener un encuentro con Dios. En Jerusalén, un albergue municipal se proporciona cerca de la Puerta de Jaffa para el conjunto de la ciudad.

Para el creyente, la Fiesta de los Tabernáculos representa, por supuesto, el refugio y cuidado del Señor en el mundo venidero, Su gran tabernáculo que existirá en Jerusalén durante la Era del Reino. Esta séptima fiesta, que Jesús celebró fielmente (Juan 7:10-24), es la única fiesta que estamos seguros será una parte importante en la adoración del Reino:

"Después de esto, los sobrevivientes de los mismos pueblos que lucharon contra Jerusalén irán año tras año a adorar al Rey, al Señor todopoderoso, y a celebrar la fiesta de las Enramadas. Y si alguna de las naciones de la tierra no va a Jerusalén a adorar al Rey, al Señor todopoderoso, la lluvia no caerá en sus tierras. Y si los egipcios no van, el Señor los castigará, del mismo modo que a cualquier otra nación que no vaya a celebrar la fiesta de las Enramadas. Ése será el castigo de Egipto y de todas las naciones que no vayan a celebrar la fiesta de las Enramadas." Zacarías 14:16-19 (DHH)

Otro pasaje profético es el siguiente:

"Y haré con ellos pacto de paz, pacto perpetuo será con ellos; y los establecere y los multiplicaré, y pondré mi santuario entre ellos para siempre. Estará en medio de ellos mi tabernáculo, *y seré a ellos por Dios, y ellos me serán por pueblo. Y sabrán las naciones que yo Jehová santifico a Israel, estando mi santuario en medio de ellos para siempre."*

Ezequiel 37:26-28

Dios establece Su pacto eterno con Su pueblo – Israel y todos los que son salvos. Este pacto es aún mejor. Él es nuestro tabernáculo. ¡Tenemos acceso al mismo Dios y Creador del Universo! Y todo el mundo vendrá cada año a presentarse ante el Rey y le adorará. ¡Qué conclusión más adecuada para cada año festivo en el calendario de las fiestas!

"Y yo Juan vi la santa ciudad, la nueva Jerusalén, descender del cielo, de Dios, dispuesta como una esposa ataviada para su marido. Y oí una gran voz del cielo que decía: He aquí el tabernáculo de Dios con los hombres, y él morará con ellos; y ellos serán su pueblo, y Dios mismo estará con ellos como su Dios.*"*
Apocalipsis 21:2 y 3

Dios recuerda su pacto con su pueblo nuevamente. Su Palabra es siempre verdadera y fiel. Nos recuerda que somos Su especial tesoro y nos confirma Su deseo de estar con nosotros para toda la eternidad.

2

ALGUNAS REFLEXIONES

Ahora, después de haber tomada este vistazo sobre el significado de las fiestas, se hace muy claro que Dios hizo una cosa trascendental aquí. Él predijo toda la vida del Mesías, de los judíos, de la Iglesia, e incluso de las de otras naciones. Él previó el período de la tribulación en toda su agonía, la presencia del judío y el gentil juntos en la Iglesia, e incluso el detalle de dejar los rincones de los campos para el sustento de los pobres, que incluía a Su propio Hijo y Sus discípulos.

Él dispuso las fiestas en el calendario del año de forma que reflejara de forma proporcional la historia de la iglesia. De hecho, esas primeras tres fiestas, la crucifixión, la sepultura y la resurrección, ocurrieron muy juntos. Luego hubo una pausa antes de la venida del Espíritu Santo. Y luego una pausa más larga antes de la gran cosecha, el Rapto de la Iglesia.

Las siete fiestas nos aseguran que el Rapto será antes de la tribulación. Seguramente todo el sistema sería arruinado si la Iglesia no fuese recompensada en la Fiesta de las Trompetas, y tendría que vivir un Día de Expiación injustificado con el incrédulo Israel en el período de la tribulación.

También podemos ver el diseño inteligente de Dios al ver la semana terrenal - seis fiestas de trabajo y la última de descanso. Es más bien como la semana de la creación, en el que Dios trabajó seis días y luego se relajó en Su tabernáculo en el séptimo. La historia bíblica ha descrito una trayectoria de unos seis mil años, y si hemos de prever el reino, la lógica nos dice que ha de seguir un período de mil años de descanso.

Es posible que incluso podamos señalar el día de la blasfemia del Anticristo en el Templo de Jerusalén durante el período de la tribulación. Como nos dimos cuenta de que el período de la tribulación finaliza en el Día de la Expiación (la segunda venida de Cristo), entonces debe haber comenzado siete años antes en el Día de la Expiación. Veamos dos pasajes:

"Y él hará un pacto firme con muchos por una semana, pero a la mitad de la semana pondrá fin al sacrificio y a la ofrenda de cereal. Sobre el ala de abominaciones vendrá el desolador, hasta que una destrucción completa, la que está decretada, sea derramada sobre el desolador."

Daniel 9:27 (LBLA)

"Me fue dada una caña de medir semejante a una vara, y alguien dijo: Levántate y mide el templo de Dios y el altar, y a los que en él adoran. Pero excluye el patio que está fuera del templo, no lo midas, porque ha sido entregado a las naciones, y éstas hollarán la ciudad santa por cuarenta y dos meses. Y otorgaré autoridad a mis dos testigos, y ellos profetizarán por mil doscientos sesenta días, vestidos de cilicio." Apocalipsis 11:1 -3 (LBLA)

Como el Día de la Expiación es el décimo día del séptimo mes, y ya que el Anticristo viene exactamente en medio del período de tribulación, entonces el día de la blasfemia marca la mitad justo de un período de 7 años, y sería a los tres años y medio, o sea el décimo día del primer mes, en el cuarto año.

¿Hay algo significativo sobre el décimo día del primer mes? Bueno, el décimo día cae cuatro días antes de la Pascua, que es el día 14. Dios le pidió a los judíos que seleccionaran su cordero de sacrificio en Egipto exactamente cuatro días antes de la Pascua, a fin de examinar el cordero para las manchas antes de sacrificarla en el día de la Pascua.

"Hablad a toda la congregación de Israel, diciendo: "El día diez de este mes cada uno tomará para sí un cordero, según sus casas paternas; un cordero para cada casa."

Éxodo 12:3 (LBLA)

El Señor mismo observó apropiadamente este detalle, al montar el burro en Jerusalén el Domingo de Ramos, cuatro días antes de la Pascua, para que la gente pudiera examinarle antes de elegirlo como su cordero de sacrificio.

Vemos, pues, que el Anticristo hará la falsificación perfecta, llegando al Templo cuatro días antes de la Pascua y la presentación de sí mismo como Dios Todopoderoso. La forma en que discernimos el Dios verdadero de uno falso es que Jesucristo montó el burro en toda humildad, y el Anticristo viene afirmando que él es Dios encarnado.

El conocimiento de este sistema profético maravilloso fortalece la fe de cualquier lector de la Biblia, y por cierto de los creyentes en Jesús Cristo.

3

EL CALENDARIO FESTIVO JUDÍO Y LA ETAPA DEL EMBARAZO

"Y sucedió que mientras estaban ellos allí, se cumplieron los días de su alumbramiento. Y dio a luz a su hijo primogénito." Lucas 2:6,7

Si pudiéramos explicar todas las cosas, Dios no sería Dios. No nos debe sorprender que haya tanto que no sólo no podemos entender sino que tampoco podemos imaginar que exista.

Podemos tomar la Biblia como un libro común y leer los acontecimientos allí escritos. Pero cuando pedimos al Espíritu Santo que nos ayude a entender, entonces la Biblia llega a ser un libro abierto y fascinante donde las palabras que leemos cobran vida para nuestra situación particular y nos da sabiduría y consuelo para cada área de nuestra vida.

Para aquellos que reconocen que la Biblia ha sido

escrita por hombres pero inspirados por Aquel que conoce los pensamientos de cada persona viva, la Palabra ha sido motivo de una investigación más minuciosa de sus escritos y de llegar a asombrosos resultados que comprueban que sólo Dios, un ser sobrenatural, puede haberlo ensamblado y ser el Autor de un libro tal.

Aunque nuestro Dios es tan grande que no podemos conocer ahora en Su totalidad, no obstante, Él desea hacerse conocer y desea estar cerca de nosotros como Amigo y Padre. Con tal fin es maravilloso cuando Dios revela Sus secretos y podemos vislumbrar lo que estaba escondido.

Como ya se ha visto, el calendario judío es muy preciso y exacto y a muchos les gusta investigar y realizar sus propios cálculos.

Las fórmulas de Dios dominan nuestra vida humana y terrenal y son evidentes si lo buscamos dentro de Su creación. Sin duda los designios de Dios van mucho más allá de lo que aquí podríamos imaginar pero a veces Él permite que veamos algunas de ellas.

Podemos detallar algunos datos interesantes y a la vez asombrosos sobre el nacimiento de un bebé desde una perspectiva bíblica.

Zola Levitt, un hebreo cristiano y estudioso de la Palabra nos cuenta algo sorprendente acerca del sistema de las siete fiestas judías en su libro "The Seven Feasts Of Israel".

Sus editores le pidieron que escribiera un libro sobre el nacimiento de un bebé desde una perspectiva bíblica. El libro sería un regalo para los esposos cristianos al acontecer el bendito evento. Así describe Zola Levitt su aventura en este descubrimiento fascinante:

"Esta asignación agradable me llevó a las muchas historias de nacimientos fascinantes de la Biblia, incluyendo, por supuesto, el maravilloso nacimiento de nuestro Señor. Pero preferí hacer algo más que celebrar una nueva llegada, hay muchos libros adecuados para tales fines. Más bien quería encontrar algún principio teológico, tal vez alguna verdad oculta en las Escrituras, acerca de cómo nacemos cada uno de nosotros. Quería saber si las Escrituras guardaran algún secreto de cómo Dios nos hace.

Para ello me puse en contacto con la doctora Margaret Matheson, una amiga quien conoce la Biblia, y es una muy buena obstetra quien ha asistido con sus conocimientos profesionales en el nacimiento de más de diez mil bebés.

Indague con Margaret sobre el embarazo en general, cómo se calcula y cómo el bebé se desarrolla dentro de la madre.

Me enteré de que el promedio de embarazo es de 280

días, y se cuenta desde el primer día del último ciclo menstrual antes de la concepción. Realizar cálculos en el calendario judío es más bien una de mis aficiones, y tomé estos 280 días y los comparé con el 'año judío ideal'.

El año judío ideal empezaría exactamente en el equinoccio de primavera, en el primer día de Nisán, en la luna nueva del primer mes, que ocurre en el primer día de la primavera, el 21 de marzo. Curiosamente, me encontré con que un embarazo de 280 días, que comenzó el 21 de marzo, terminaría en una fecha muy interesante, el 25 de diciembre. No sabemos si el día de Navidad fue en realidad la fecha del nacimiento de nuestro Señor, pero sí sabemos que el 25 de diciembre es la fecha exacta de Janucá, la Fiesta de la Dedicación, que nuestro Señor mismo conmemoró.

"Era invierno, y en Jerusalén estaban celebrando la fiesta en que se conmemoraba la dedicación del templo." Juan 10:22 (DHH)

Ese descubrimiento me llevó a pensar que efectivamente debe haber algo muy significativo, con referencia a la Biblia, en la duración del embarazo, y le pedí a Margaret que me diera más detalles. Y realmente fue lo que dijo a continuación lo que me dio la primera luz de este sistema que estoy a punto de divulgar.

Le pregunté cómo se hace el bebé y cómo crece, y ella comenzó con esta afirmación:

"En el día catorce del primer mes, aparece el óvulo."

Esa frase me sonaba muy familiar – son las mismas palabras de Levítico 23:5 - "el día catorce del primer mes" - la instrucción original de Dios para la observancia de la Pascua.

Los judíos utilizan un huevo en la mesa de la Pascua como un símbolo de la nueva vida que se les fue otorgada por el sacrificio del cordero en Egipto.

El huevo (óvulo) es un símbolo apropiado para representar una nueva vida, y fue fascinante descubrir que en el día catorce del embarazo sucede lo mismo que en el día catorce del año festivo de Dios: trae la oportunidad de una nueva vida.

Me parecía que no podía ser una simple casualidad. Y estaba ansiosa de saber si el desarrollo del bebé sería paralelo con la distribución de las siete fiestas. Estaba empezando a emocionarme pero no se lo revelé a Margaret. Yo no quería en absoluto, animarla a justificar los hechos, sólo para demostrar una verdad bíblica. Le pregunté con cuidado, teniendo en cuenta que la próxima fiesta, los Panes sin Levadura, debía ocurrir la noche siguiente, el día quince del primer mes, de acuerdo con Levítico 23:6.

"Y el día quince de este mismo mes es la fiesta solemne de los Panes sin levadura en honor del Señor." (Versículo 6)

Así que le pregunté cuán pronto debía ocurrir la

fecundación del óvulo de la madre, si el embarazo
había de efectuarse.

Su respuesta fue muy clara y muy definida. *"La
fertilización debe ocurrir dentro de las veinticuatro horas o el
óvulo seguirá su camino."*

Esta novedad era muy emocionante. No sólo ocurren
los dos eventos prenatales trascendentales en los días
correctos, pero también son los eventos apropiados. El
óvulo, por supuesto, representa la Pascua, y la
fertilización - la siembra de la semilla – representa los
Panes sin Levadura, la sepultura de nuestro Señor. Su
crucifixión en la Pascua dio a cada uno de nosotros la
posibilidad de la vida eterna. Su sepultura en la tierra,
preparado para cada uno de nosotros, nos dio la
oportunidad de una gloriosa resurrección venidera.

Ahora le pregunté acerca de las Primicias. Me di cuenta
que esta tercera fiesta no cae en un ciclo de tiempo
definido. Simplemente ocurre el domingo durante la
semana de los Panes sin Levadura. Podría ser el día
después, o podría ser a casi una semana. Entonces
pregunté con cautela lo que ocurre después en el
proceso del parto.

"Bueno, eso es un poco indeterminado." me dijo. "El
óvulo fertilizado baja por el tubo a su propia velocidad
hacia el útero. Se puede tomar de dos a seis días antes
de que se implante".

Me encantó que haya usado la palabra 'implante', ya que tiene que ver con la fiesta de las Primicias y con la siembra de primavera, y además era el término técnico correcto. El término médico es "la implantación." Esto marca el momento en que el óvulo fecundado llega a salvo al útero y comienza su crecimiento milagroso para llegar a ser un ser humano.

Margaret y yo estábamos muy pronto ocupados estudiando una pila de libros de texto de obstetricia, gráficos embrionarios y, por supuesto, las Escrituras, en varias traducciones.

Aún mi amiga no sabía la verdadera razón de mis preguntas. Solamente le pedía que me explicara cómo se desarrollaría el pequeño óvulo fertilizado, sin decirle que yo esperaba que siguiera una agenda muy precisa y que esta cumpliera exactamente con el calendario de las fiestas judías.

Probablemente no sea necesario que diga que estaba conteniendo la respiración en ese momento. Tenía la esperanza de que se hubiera descubierto algo novedoso y a la vez verdadero. Lo que ya había aprendido era asombroso. Sin duda, Dios diseñó la concepción de cada uno de nosotros, de acuerdo con esas tres primeras fiestas majestuosas, que fueron cumplidas tan adecuadamente por nuestro Señor.

¿Pero continuaría el sistema? La siguiente fue la pregunta difícil. Parecía que las cosas estaban sucediendo rápido en la agenda del embarazo, pero ahora en el calendario de las siete fiestas venía un tiempo de espera larga hasta Pentecostés. Le pregunté a la obstetra con cautela cuál sería el siguiente desarrollo en el óvulo implantado.

"Bueno, por supuesto, tenemos un embrión en desarrollo lentamente aquí por mucho tiempo", dijo. "Pasa por etapas, pero no hay realmente ningún cambio dramático hasta que se convierte en un feto real. Ese es el próximo gran evento. Usted puede verlo todo aquí en el gráfico." Y ella volvió su libro médico hacia mí para que yo pudiera ver una página dividida como un calendario, que mostraba las primeras semanas del desarrollo embrionario.

Miré los pequeños cuadros en los libros con lo que parecía un renacuajo, que pronto desarrollaba aletas, y luego comenzaba a parecerse a un pequeño hombre de Marte, y así sucesivamente hasta la última imagen en la página. Allí vi a un bebé humano, y al lado de ese dibujo, el mensaje con las mismas palabras de la Biblia, "Cincuenta días."

Tratando de ocultar mi emoción, le pregunté, "¿El día cincuenta es importante?"

"Bueno," dijo la obstetra, "hasta el día cincuenta no sabes si vas a tener un perro o un pato. Pero en el día cincuenta del embrión, se convierte en un feto humano."

Frases bíblicas venían a mi mente. *"Una nueva criatura"* parecía ser la frase más apropiada para el acontecimiento trascendental del cambio, desde una forma de vida indiscriminada como embrión, a lo que era sin duda un ser humano en toda su esencia.

Ciertamente, en ese día de Pentecostés, en el templo, los israelitas aún no regenerados se convirtieron verdaderamente en *"nuevas criaturas"*. Se volvieron espirituales. Recibieron la vida eterna. Ya no eran lo mismo ahora que antes.

"De modo que si alguno está en Cristo, nueva criatura es; las cosas viejas pasaron; he aquí, son hechas nuevas." II Corintios 5:17 (LBLA)

Ellos ahora pasarían a otra vida fuera de los confines del cuerpo carnal en la que se encontraban, de la misma manera que el feto se adelanta a otra vida fuera del cuerpo de su madre.

Margaret me informó de que cada evento programado en el nacimiento del bebé varía algo según el caso particular, como también la duración de todo el embarazo podría variar de una mujer a otra. El gráfico del libro de medicina medía sus cincuenta días desde la fecundación, y no desde la implantación (que sería los Primeros Frutos en las Escrituras), pero las variaciones entre los embarazos explicarían la diferencia. Sustancialmente, después de la séptima semana, después de la concepción, este embrión - esta forma de vida inhumana - se convertiría en una criatura creada a imagen y semejanza de Dios.

La siguiente pregunta que le hice a Margaret fue sobre el primer día del séptimo mes. Tenía la esperanza de que no hubiere grandes acontecimientos durante este período largo del verano en el calendario de las fiestas, y de hecho, no había ninguno. Parece que una vez que el feto ya ha iniciado su crecimiento como un ser humano en espera del nacimiento, hace su progreso de manera bastante general sin que nada trascendental suceda.

Me daba cuenta, que el bebé se desarrolla muy temprano y ahora en esta etapa sólo debe aumentar en tamaño y peso. Pero, por supuesto, hay algunas pequeñas perfecciones que serán añadidas por la mano del Creador, y yo estaba encantado de encontrar que uno de estos coincidía exactamente con la siguiente festividad.

La perfección que llega justo al comienzo del séptimo mes, es la audición del bebé.

Los libros de medicina de Margaret, establecían de que a esta altura la audición del bebé estaba ya plenamente desarrollada. En el primer día del séptimo mes, el bebé podría discriminan un sonido como lo que realmente era. Por ejemplo, ¡que una trompeta es una trompeta! Justo a tiempo para que el Señor descienda del cielo con voz de mando y con el sonido de la trompeta de

Dios, ¡y para que el bebé pudiera percibir los sonidos!

Ahora yo estaba buscando una referencia a la sangre - es decir, la sangre que representaría la sexta fiesta, el Día de la Expiación. Este día se destaca por ser el día cuando se realizaba el sacrificio de sangre. Quería saber específicamente si había algún desarrollo particular en el décimo día del séptimo mes. Yo todavía tenía cuidado de no dar a entender lo que verdaderamente estaba buscando. Si me hubiera dicho: "Los codos están ya están formados", entonces supongo que mi 'sistema' se hubiera terminado allí. Pero de alguna manera yo ya estaba muy confiado, y la obstetra no me defraudó.

Citando su libro de texto, Margaret dijo que los cambios importantes ahora, en efecto, estaban en la sangre. Es necesario que la sangre fetal, que lleva el oxígeno de la madre a través del sistema del bebé, cambie de manera tal que el bebé mismo pueda llevar el oxígeno que obtendrá al nacer. El feto no respira, sino que depende del oxígeno obtenido a través de la circulación sanguínea de la madre. Técnicamente, la hemoglobina de la sangre tendría que cambiar de la del feto a la de un ser humano, en cuyo cuerpo la sangre y el aire circulan por sí mismos.

Naturalmente, este sistema debe ser cambiado antes del nacimiento, y se produce ese cambio, de acuerdo con los libros de texto de Margaret, en la segunda semana del mes séptimo, y para ser más preciso, ¡a los diez días!

Me vino a mi mente la frase *"La sangre es aceptada para perdón de pecados."*

En Levítico 17:11 leemos la declaración de Dios:

"..yo os he dado la sangre para hacer expiación sobre el altar por vuestras vidas." (BLP)

De hecho, cada persona de Israel tenía que presentar su ofrenda de sangre al Señor por medio del sumo sacerdote en el Día de la Expiación. Si esa sangre era aceptable, entonces habría vida. Del mismo modo, en el feto, cuando la sangre fuese madura, habría vida.

Pero, por supuesto, el feto no está listo para nacer. Quedaba aún otra fiesta, y yo ya estaba bastante seguro de que Margaret me daría el cumplimiento adecuado. Le pregunté por el día quince del séptimo mes, y ella inmediatamente reconoció la fecha como el comienzo del período de un parto seguro.

"Verás, en esa fecha los pulmones ya están desarrollados." dijo. "Mientras puedan funcionar sus pequeños pulmones, entonces podemos sacarlos adelante, incluso si nacen en esta fecha tan temprana. Pero si decide nacer antes de que los pulmones estén completamente formados, tendría muy pocas posibilidades. Pero para el día quince del séptimo mes, un bebé normal tiene dos pulmones sanos, y si nace en este momento, puede respirar por sí mismo y vivir. "

La Fiesta de los Tabernáculos, pensaba yo pero, por supuesto, el Tabernáculo es la casa del Espíritu, el Espíritu es el aire en la Biblia. ¿Acaso Dios no sopló el aliento en Adán para hacerle vivir? ¿Acaso Jesús, no sopló sobre sus discípulos para que reciban el Espíritu Santo? Y más aún, en la visión de Ezequiel de los huesos secos, (Ezequiel 37) Ezequiel vio a Dios crear seres humanos cuando unió a esos huesos muertos, y tendones y músculos y luego le dio la orden al profeta:

"El me dijo: Profetiza al espíritu, profetiza, hijo de hombre, y di al espíritu: "Así dice el Señor Dios: 'Ven de los cuatro vientos, oh espíritu, y sopla sobre estos muertos, y vivirán.'"

Ezequiel 37:9 (LBLA)

La Fiesta de los Tabernáculos es el final del camino - el final de las fiestas, el fin del plan de Dios, el comienzo del Reino. El bebé viviría si naciere durante la Fiesta de Tabernáculos. El creyente vivirá una vez que entre en el Reino.

La Luz Eterna

Seguí investigando este sistema aún más, aunque ya había visto, en las fiestas que Dios instituyó en el monte Sinaí, un paralelo en el nacimiento de cada uno de nosotros. Todavía quedaba para considerar el período de 280 días, que lleva hasta el momento de un alumbramiento normal.

Ahora tenía tal confianza en la lógica de la Biblia, que saqué mi calendario judío otra vez y trabajé con el festival añadido de la Dedicación, Janucá. No fue dado por Dios en el monte Sinaí, pero fue profetizado por Daniel (Daniel 8:9-14), y tuvo lugar en el año 167 AC cuando el Templo fue dedicado de nuevo.

"De uno de ellos salió otro cuerno pequeño, que creció mucho hacia el sur, hacia el este y hacia la Tierra de la Hermosura. Tanto creció que llegó hasta el ejército del cielo, derribó parte de las estrellas y las pisoteó, y aun llegó a desafiar al jefe mismo de ese ejército; suprimió el sacrificio diario y profanó el lugar de adoración. Perversamente hizo que su ejército acampara donde antes se ofrecía el sacrificio, y echó por los suelos la verdad. Hizo, en fin, todo cuanto quiso, y en todo tuvo éxito.

Después oí que un ángel le preguntaba a otro ángel: "¿Cuándo va a terminar esto que se ve en el altar del sacrificio diario? ¿Cuánto va a durar el horrible pecado de entregar el santuario del Señor y los creyentes en él, para ser pisoteados?" Y la respuesta fue: "Hasta dos mil trescientas tardes y mañanas. Después de eso, el santuario será purificado."

Daniel 8:9-14 (DHH)

La naturaleza de Janucá tiene que ver con la luz eterna en el Templo (y en todas las sinagogas en la actualidad). Dios había hecho un gran milagro en la ocasión en que Antíoco entró en el templo y sacrificó un cerdo sobre el altar. Los Macabeos lo echaron pero sólo encontraron una lata preciosa de aceite consagrado – el suministro de un sólo día - con el que mantener la luz eterna. Sin embargo, un gran milagro contestó sus oraciones. El aceite duró ocho días y se mantuvo la luz hasta que más aceite estuvo listo. Y así, los judíos todavía encienden una vela cada noche durante ocho noches en la Fiesta de Janucá.

Encontré lo que yo esperaba en el calendario judío. Que después de la Fiesta de Tabernáculos, la Fiesta de Janucá se realiza a la cantidad exacta de días como para coincidir con el verdadero nacimiento del bebé.

Se me ocurrió, mientras trabajaba con el calendario judío, que los 280 días expresan exactamente diez de esos misteriosos ciclos de la luna de veintiocho días. Creo que ese sistema está más de acorde con la forma en que Dios planearía las cosas y no nuestra estimación en el Occidente de un embarazo de nueve meses.

De todas formas, el período de ocho días de Janucá representa, en su mayor parte, incluso los nacimientos fuera de término, y esta fiesta añadido ha dejado claramente un gran símbolo para todo el sistema. Más allá de los Tabernáculos - más allá del Reino - tenemos la eternidad con Dios. Esta es, pues, el cumplimiento de la luz eterna.

Nace un Rey

Todas las conclusiones antes mencionadas las he

expuesto tal como las descubrí al hacer la investigación con mi amiga, la obstetra. No ha sido mi intención crear gráficos médicos de precisión en calendarios técnicos etc. Eso mismo pueden hacer los de mentes científicas que lo harían mucho mejor. Pero dudo que se pudiera encontrar un defecto, ya que estamos tratando aquí con la Palabra de Dios, y eso es lo más importante de este descubrimiento tan interesante.

Esto demuestra que la Biblia no es sólo la poesía o la mitología de alguien. No hace falta que tomemos la defensiva sobre este tema y digamos que sólo 'creemos' en la Palabra. Observé con gran respeto como la doctora cuidadosamente copiaba las fechas de las siete fiestas del libro de Levítico en sus propios libros de texto de obstetricia, para que pudiera seguir más detalladamente los embarazos de sus pacientes en el futuro. Vi que ella creía totalmente algunas cosas que no había visto antes en todo el tiempo que ella había supervisado todos los embarazos. Yo vi que lo que dijo Dios en el Monte Sinaí es eficaz aún hoy, y útil de una manera científica.

Y más que eso, también me di cuenta de que cada uno de nosotros ha cumplido con las siete fiestas de una manera única, en realidad, ¡aún antes de haber nacido!

Ciertamente, cada uno de nosotros nos desarrollamos en el útero de nuestra madre según el calendario de las fiestas, como se ha explicado anteriormente.

En la teoría de la evolución, se enseña que el embrión y el feto, en el pasado, pasaron por una serie de cambios en su desarrollo a través de otras especies, y así finalmente se produjo el ser humano.

Pero Margaret dijo en palabras sencillas que la explicación de las siete fiestas era mucho mejor, y que de todas maneras, esa teoría de la evolución nunca le había convencido científicamente. Más bien, podemos ver que el Creador, quien es eficiente a la perfección, ha usado ciertas estructuras de un organismo a otro, en el montaje y desarrollo de cada una de estas criaturas especiales. Y con su obra maestra, el Hombre, Dios incorpora este magnífico calendario de las ocasiones festivas y cumplimientos proféticos.

Sepamos o no sobre el desarrollo y el significado las fiestas, ¡cada uno de nosotros las ha cumplido!

Y, por último, de una manera grande y cósmica, estamos viendo a Jesús 'nacer' como Rey. Lo vimos nacer en la tierra como el Cordero de Dios, y su vida se apagó rápidamente, pero no antes de que llevara a cabo Su gran propósito. Pero en cierto modo mayor, hemos de verlo venir como Rey cuando la gran Fiesta de Tabernáculos llegue para todos los creyentes. Hemos visto a nuestro Señor hacer Su progreso a través de la Pascua, los Panes sin Levadura, los Primeros Frutos y Pentecostés.

Le veremos pronto - así oramos - en esa Fiesta de las

Trompetas, y volveremos con él en el día de la Expiación. Pero Su ciclo de nacimiento será completado, por así decirlo, será cuando le veamos coronado como el Rey legítimo de esta creación, cuando se alcance el último Tabernáculos.

Cada uno de nosotros, entonces empezará esa magnífico vida con Dios que se nos ha prometido, y nuestro Señor comenzará Su Reinado como Rey – reinado que ha retardado con tanta paciencia mientras trabajamos en Sus campos.

La voluntad de Dios

Pensé que todo lo que acabo de exponer haría un libro grandioso, pero sorprendentemente, el editor lo rechazó. Me había costado mucho tiempo acumular el material y presentarlo como libro y el interés de la compañía ya estaba en otro lugar. Lo intenté con un segundo y aún un tercer editor, pero sin resultados.

Yo estaba confundido por esto. ¿Por qué Dios cerraría una puerta por la cual se había obtenido tanta luz? Finalmente llegué a la conclusión de que escribiría el material que tengo aquí, en una pequeña guía de estudio que produzco yo mismo. Sin embargo, el tiempo iba pasando y yo seguía posponiendo la tarea.

Seguía sintiendo que Dios me animaba todo ese tiempo. ¿Acaso no era éste uno de esos "años

perfectos" cuando Janucá y Navidad caen en la misma fecha? ¿No sería éste un año apropiado para este libro? Pero me quedé por ahí como el reticente Gedeón, aparentemente esperando más de una señal.
Finalmente, Dios me la dio, y a Su manera, típicamente apropiada.

¡Mi esposa quedó embarazada!

La voluntad de Dios es la voluntad de Dios.
¡Finalmente me he sentado a escribir! Y el pequeño o pequeña Levitt llegará, si esa es la voluntad de Dios, en febrero de 1979. Y si yo dijera estas palabras muy cerca de su hogar seguro en el vientre de su madre, él oiría, yo sé, porque él acaba de pasar su primera Fiesta de las Trompetas. La semana que viene Dios cambiará la sangre de mi bebé y lo hará aceptable, y la semana después de eso, Él le proporcionará aquellos tabernáculos del Espíritu, los pulmones.

Que todos podamos escuchar la voz de nuestro Padre, conforme Él nos las revela, las cosas que están en Su Palabra." (Zola Levitt)

FIESTA JUDÍA	CUMPLIMIENTO CRISTIANO	DESARROLLO DE UN BEBÉ
PASCUA	Nueva Vida (Óvulo)	Ovulación
PANES SIN LEVADURA	La Semilla	Fertilización
PRIMEROS FRUTOS	Resurrección	Implantación
PENTECOSTÉS	Cosecha	Nueva Criatura (Feto)
TROMPETAS	Rapto	Audición
EXPIACIÓN	Redención	La Sangre (Hemoglobina A)
TABERNÁCULOS	Reino	Pulmones
JANUCÁ	Eternidad	Vida Eterna

APÉNDICE

¿Alguna vez te has hecho la pregunta que si Jesús debía resucitar al tercer día, cómo es que celebramos el domingo como el día de su resurrección? El siguiente artículo es de la siguiente página web: http://www.biblestudy.org/ Espero que la respuesta te ayude a conocer la verdad.

¿Estuvo Jesús en la tumba durante tres días y tres noches?

"¿Cuál fue la única señal que Jesús dio para probar que él era el Mesías, el Salvador de los hombres? ¿Estuvo muerto durante tres días y tres noches enteros, o sea, 72 horas, o estuvo muerto sólo parte de tres días? En tiempos de Jesús los judíos exigieron una señal para probar que Él era el Salvador. Si la señal no se cumplía perfectamente, entonces probaría así que él no era el Mesías. Lo que Jesús ofreció como prueba fiel de que él era el Hijo de Dios fue la señal de Jonás.

"Entonces respondieron algunos de los escribas y de los fariseos, diciendo: Maestro, deseamos ver de ti señal. El respondió y les dijo: La generación mala y adúltera demanda señal; pero señal no

le será dada, sino la señal del profeta Jonás. Porque como estuvo Jonás en el vientre del gran pez tres días y tres noches, así estará el Hijo del Hombre en el corazón de la tierra tres días y tres noches." Mateo 12:38-40

¿Jesús quiso decir lo que dijo? ¿De verdad esperaba que su entierro en la tierra durara 72 horas? Toma nota de que Jesús no dijo: "Después de dos noches y un día me levantaré de nuevo." Se refería a tres días enteros - ¡estaría muerto y enterrado un total de setenta y dos horas! Tras la crucifixión de Jesús los líderes judíos que lo odiaban recordaron esta señal.

"Al día siguiente, que es después de la preparación, se reunieron los principales sacerdotes y los fariseos ante Pilato, diciendo: Señor, nos acordamos que aquel engañador dijo, viviendo aún: Después de tres días resucitaré. Manda, pues, que se asegure el sepulcro hasta el tercer día, no sea que vengan sus discípulos de noche, y lo hurten, y digan al pueblo: Resucitó de entre los muertos. Y será el postrer error peor que el primero." Mateo 27:62-64

Muchos de los que enseñan la Biblia dicen que la crucifixión de Jesús tuvo lugar el viernes santo, y su entierro tendría lugar al ponerse el sol. También afirman que resucitó el domingo al amanecer ¡en contradicción con las Escrituras! Es obvio de que esto sólo implicaría dos noches y un día. Si la crucifixión tuvo lugar el viernes santo y la resurrección el domingo por la mañana, entonces Él no cumplió literalmente la señal de Jonás.

La teoría de que Jesús murió un viernes requiere gimnasia mental para explicar. Los que tratan de hacerlo, inevitablemente, toman los escritos claros de las Escrituras y los interpretan como que son sólo figurativos. ¡Este método se puede utilizar para dar cualquier explicación a las claras enseñanzas de la Palabra de Dios!

Jesucristo dijo claramente cuánto tiempo iba a estar muerto. Declaró enfáticamente que resucitaría "después de tres días." Él cumplió la señal de Jonás y reivindicó su pretensión de ser el Mesías. Esto significa que tuvo que morir ¡un miércoles y resucitar tarde el día sábado!

Los hombres, con el fin de justificar sus propias creencias, alegan que los judíos contaban una parte de un día como el día entero. Los pasajes citados incluyen Génesis 42:17-18, 1 Samuel 30:12 y Ester 4:15-16. ¡Ninguno de estos pasajes, sin embargo, demuestra que tres días y noches es lo mismo que dos noches y un día!

"Entonces los puso juntos en la cárcel por tres días. Y al tercer día les dijo José: Haced esto, y vivid: Yo temo a Dios." Génesis 42:17-18

"Le dieron también un trozo de masa de higos secos y dos racimos de pasas. Y luego que comió, volvió en él su espíritu; porque no había comido pan ni bebido agua en tres días y tres noches." 1 Samuel 30:12

"Y Ester dijo que respondiesen a Mardoqueo: Ve y reúne a todos los judíos que se hallan en Susa, y ayunad por mí, y no comáis ni bebáis en tres días, <u>noche y día</u>; yo también con mis doncellas ayunaré igualmente, y entonces entraré a ver al rey, aunque no sea conforme a la ley; y si perezco, que perezca."
Ester 4:15-16

No hay absolutamente ninguna razón para dar el periodo de tiempo indicado en estos versículos otro significado que no sea su significado literal. ¿Qué autoridad tiene alguno para contradecir estas palabras claras? No hay ninguna razón para tomar alguno de los pasajes citados en ningún otro sentido, excepto su sentido literal, a menos que uno tenga una teoría que quiere demostrar.

"Pero Jehová tenía preparado un gran pez que tragase a Jonás; y estuvo Jonás en el vientre del pez <u>tres días y tres noches</u>." Jonás 1:17

Jonás estuvo en un pez durante el período literal mencionado en el versículo 17. Incluso si algunos de los judíos contaban una parte de la jornada como un día entero, ¿es esto lo que Jesús quiso decir? ¿Contaban los judíos parte de un día como un día entero y una noche entera? ¿Dónde está la prueba de esto en la Biblia? Aquellos que promueven la falsa enseñanza de que la crucifixión fue el viernes santo nos quieren hacer creer que una parte de un día significaba todo un día y toda una noche. Las personas que creen que la Biblia es

74

literalmente verdadera no deben atreverse a aceptar este razonamiento.

Un día es un día

La palabra "día" en la Biblia significa el intervalo entre el amanecer y la oscuridad. *"Y llamó Dios a la luz día, y a las tinieblas llamó noche..."* Génesis 1:5a

Esta es la primera aparición de la palabra "día" en la Biblia. Jesús mismo declaró que había doce horas en un día, cuando dijo en Juan 11:9

"Respondió Jesús: ¿No tiene el día doce horas? El que anda de día, no tropieza, porque ve la luz de este mundo."

Jesús dice que hay doce horas de luz en un día, lo que significa, lógicamente, que una noche tiene doce horas de oscuridad. ¿Puede haber alguna autoridad superior que la de Dios? La Biblia define un día completo como el intervalo de tiempo entre dos salidas de sol sucesivas (Génesis 7:24; Job 3:16). Los hebreos lo contaban desde la tarde hasta la tarde siguiente:

"...por la tarde; de tarde a tarde guardaréis vuestro reposo." Levítico 23:32

La noche de doce horas comenzaba al atardecer y terminaba al amanecer. *"...y fue la tarde y la mañana un día..."* Génesis 1:5b

La mentira

¡La Biblia en ninguna parte dice que la crucifixión de Jesús fue un viernes! Debido a que el día de reposo semanal judío es el día sábado, los estudiosos sólo asumen que Jesús murió el viernes - ¡promoviendo así un engaño! La Biblia establece claramente que los judíos celebraban otros días sagrados, además del día de reposo semanal que era el séptimo día. Los judíos guardaban las santas convocaciones anuales que Dios había dado a Israel (Éxodo 23:14-17, Levítico 23, Números 28 y 29, etc.)

La Biblia enseña que hubo dos días de reposo entre el momento en que Jesús entró al sepulcro y el momento de su resurrección! Esta es la clave para entender la secuencia correcta de los acontecimientos de lo que le sucedió a Jesús nuestro Salvador. ¡Esta es otra razón por la que es falsa la enseñanza tradicional de que Jesús murió en la tarde del viernes y fue resucitado el domingo por la mañana!

"La declaración de Jesús que resucitaría tres días después de que hubiese fallecido es sumamente significativa. Según la ley judía, para ser declarado legalmente muerto, una persona tenía que estar muerto por tres días completos o más. Por lo tanto, si Jesús habría resucitado de entre los muertos antes de las 15:00 de la tarde del 17 de Nisán, el día de reposo semanal (sábado), Él no habría sido considerado legalmente muerto. Como resultado de ello, su regreso a la vida no habría sido considerado una verdadera resurrección de entre los muertos.

Si habría sido crucificado un viernes y resucitado el domingo por la mañana al salir el sol (lo que el cristianismo llama la mañana de Pascua), su muerte no habría sido "válida", ya que sólo dos noches y un día habrían transcurrido entre la puesta del sol del viernes y el domingo por la mañana. A fin de que su muerte sea reconocida públicamente, era necesario que Jesús permaneciera en la tumba por tres noches y tres días antes de que Él fuese resucitado de entre los muertos." (HBFV, Santa Biblia en su Orden Original - Apéndice J.)

El día de reposo después de que murió Jesús

Después de la puesta de sol, un día martes (el día de la Pascua comenzó al atardecer y terminó a la puesta del sol del día siguiente) Jesús comió la Pascua cristiana con sus discípulos (Mateo 26:20, Marcos 14:17, Lucas 22:14-15).

La crucifixión de Jesús se produce entre el mediodía y las 15 horas del día siguiente (miércoles). Muere a las 15 horas. Puesto que el trabajo no se permitía en el día de la Pascua, la gente utilizaba el día anterior para preparar (por eso la Biblia lo llama *"día de preparación"*). El día siguiente sería el primer día de la Fiesta de los Panes sin Levadura (un día festivo anual en el que no se permitía ningún trabajo - Levítico 23:6- 7).

En el año en que Jesús murió, el año 30 DC, el primer
día de la Fiesta de los Panes sin Levadura comenzó al
atardecer del miércoles. Puesto que había tan sólo tres
horas entre el momento en que Jesús murió y el inicio
de la fiesta al atardecer (las 18 horas), su cuerpo fue
bajado rápidamente de la cruz y puesto en una tumba:

*"Ya al atardecer, como era el día de la preparación, es decir, la
víspera del día de reposo, vino José de Arimatea, miembro
prominente del concilio, que también esperaba el reino de Dios; y
llenándose de valor, entró adonde estaba Pilato y le pidió el
cuerpo de Jesús."* Marcos 15:42-43

*"Entonces los judíos, por cuanto era la preparación de la pascua,
a fin de que los cuerpos no quedasen en la cruz en el día de reposo
(pues aquel día de reposo era de gran solemnidad), rogaron a
Pilato que se les quebrasen las piernas, y fuesen quitados de
allí.....Después de todo esto, José de Arimatea, que era discípulo
de Jesús, pero secretamente por miedo de los judíos, rogó a Pilato
que le permitiese llevarse el cuerpo de Jesús; y Pilato se lo
concedió. Entonces vino, y se llevó el cuerpo de Jesús...Y en el
lugar donde había sido crucificado, había un huerto, y en el
huerto un sepulcro nuevo, en el cual aún no había sido puesto
ninguno. Allí, pues, por causa de la preparación de la pascua de
los judíos, y porque aquel sepulcro estaba cerca, pusieron a Jesús."*
Juan 19:31, 38, 41-42,

"Había un varón llamado José, de Arimatea, ciudad de
Judea, el cual era miembro del concilio, varón bueno y

justo...fue a Pilato, y pidió el cuerpo de Jesús. Y quitándolo, lo envolvió en una sábana, y lo puso en un sepulcro abierto en una peña, en el cual aún no se había puesto a nadie. Era día de la preparación, y estaba para comenzar el día de reposo." Lucas 23:50, 52-54

El segundo día de reposo después de que Jesús murió

La Biblia dice que después de que el día de reposo anual - conocido como la Fiesta de los Panes sin Levadura - había terminado (el jueves a la puesta del sol), tres mujeres fueron a comprar especias para el cuerpo de Jesús.

"Cuando pasó el día de reposo, María Magdalena, María la madre de Jacobo, y Salomé, compraron especias aromáticas para ir a ungirle." Marcos 16:1

Después de comprar especias para el cuerpo de Jesús, las mujeres pasaron el resto del viernes preparándolas. Cuando el día de reposo comenzó al atardecer del viernes, las mujeres descansaron:

"Y cuando regresaron, prepararon especias aromáticas y ungüentos; y descansaron el día de reposo, conforme al mandamiento." (Lucas 23:56)

Después de descansar María Magdalena y otra María fueron a observar la tumba de Jesús a última hora del día de reposo semanal:

Pasado el día de reposo, cuando al anochecer comenzaba el primer día de la semana, María Magdalena y la otra María fueron a ver el sepulcro." Mateo 28:1 (DHH)

La resurrección

Algunas Escrituras hablan de la resurrección de Jesús *"después de tres días"* (Marcos 8:3, Mateo 27:63).

Otros versículos dicen que *"en tres días"* (Mateo 26:61, 27:40, Marcos 14:58, Marcos 15:29; Juan 2:19-20).

Y otros hablan de *"el tercer día"* (Marcos 9:31, 10:34, Mateo 16:21, 17:23, 20:19, 27:64, Lucas 9:22, 18:33, 24:7, 21, 46, Hechos 10:40; 1 Corintios 15:4).

¿Estas frases se contradicen entre sí?

"Cuando entendemos las declaraciones de Jesús, encontramos que en lugar de ser contradictorias, más bien revelan la hora exacta en que resucitó de entre los muertos. Jesús dejó en claro que Él sería resucitado después de haber sido muerto por tres días. Las otras declaraciones, *"en tres días"* y *"al tercer día"*, no incluyen el tiempo total de que estuvo muerto, sino sólo el tiempo que fue sepultado en la tumba.

Los Evangelios indican que José de Arimatea y Nicodemo cerraron la tumba justo antes de la puesta de sol, tres horas después de que Jesús haya muerto en la cruz. Aunque estuvo en el sepulcro <u>exactamente</u> tres días y tres noches (setenta y dos horas), Él estuvo muerto por un período más largo que eso. Así Él se levantó de entre los muertos *"después de tres días."*

La diferencia entre esta declaración y las declaraciones *"en tres días"* y *"al tercer día"* es que estos dos estados se refieren a su entierro *"en el corazón de la tierra tres días y tres noches."* ('The Day Jesus The Christ Died' por F. Coulter, Capítulo 6, énfasis añadido)

La resurrección de Jesús de entre los muertos tuvo lugar al atardecer del día sábado, 8 de abril 30 DC, que son setenta y dos horas después de su muerte y sepultura. Así se cumplió la señal de Jonás el profeta que dio en Mateo 12:38-40 y ¡comprobó que Él era el verdadero Mesías a los judíos!

Algunos de los que quieren creer que Jesús resucitó de entre los muertos al amanecer de la mañana del domingo hacen referencia a una declaración hecha en Lucas 24 por dos discípulos que discutían su muerte mientras caminaban hacia Emaús. En algún momento durante su viaje se encuentran con un 'extraño' que entra en la conversación - sin saber que el desconocido era en realidad el Cristo resucitado:

"Y he aquí que aquel mismo día dos de ellos iban a una aldea llamada Emaús, que estaba como a once kilómetros de Jerusalén. Y conversaban entre sí acerca de todas estas cosas que habían acontecido. Y sucedió que mientras conversaban y discutían, Jesús mismo se acercó y caminaba con ellos. Pero sus ojos estaban velados para que no le reconocieran. Y El les dijo: ¿Qué

81

discusiones son estas que tenéis entre vosotros mientras vais andando? Y ellos se detuvieron, con semblante triste. Respondiendo uno de ellos, llamado Cleofas, le dijo: ¿Eres tú el único visitante en Jerusalén que no sabe las cosas que en ella han acontecido en estos días? Entonces El les dijo: ¿Qué cosas? Y ellos le dijeron: Las referentes a Jesús el Nazareno, que fue un profeta poderoso en obra y en palabra delante de Dios y de todo el pueblo; y cómo los principales sacerdotes y nuestros gobernantes le entregaron a sentencia de muerte y le crucificaron. Pero nosotros esperábamos que El era él que iba a redimir a Israel. Pero además de todo esto, este es el tercer día desde que estas cosas acontecieron." Lucas 24:13-21 (LBLA)

¿Acaso la resurrección de Jesús se produjo más temprano ese mismo día? No, porque:

"Debido a que esta declaración (Lucas 24:21), se hizo el primer día de la semana, muchos han asumido erróneamente que Jesús resucitó de entre los muertos la madrugada del domingo. No obstante, los relatos de los Evangelios muestran claramente que Jesús ya había resucitado de los muertos antes de que las mujeres fueran al sepulcro al amanecer (Lucas 24:1) No hay duda de que Jesús estuvo en la tumba durante "tres días y tres noches" - comenzando al atardecer del miércoles, 14 de Nisán, y finalizando al atardecer del día de reposo semanal, el 17 de Nisán. Jesús se levantó al final de tres días y tres noches enteros, tal y como lo había declarado.

"El problema con Lucas 24:21", según A.T .Robertson, "es que la frase "hoy es el tercer día" es una expresión idiomática - y es muy difícil de traducir. Debido a que la frase es una expresión idiomática, su significado real no se puede entender con una traducción literal - que sólo sirve para distorsionar el verdadero significado. Con esto en mente, los eruditos y traductores han estudiado cómo se usaron tales expresiones idiomáticas por varios escritores de la época - como el historiador Josefo y otros que utilizaban el griego clásico. Lo que han descubierto es que la frase es una expresión que significa un tiempo completado.

En otras palabras, *"hoy es el tercer día"* indica "a partir de hoy, tres días ya han pasado." La traducción de Berkley, por ejemplo, traduce la frase como "tres días ya han pasado". La traducción de la Biblia de Moffat traduce la frase como "hace tres días". Ambas traducciones transmiten adecuadamente la frase porque expresan un periodo de tiempo que se ha completado.

En base a esta información, una traducción precisa de Lucas 24:21 sería: "Pero además de todo esto, a partir de hoy, el tercer día ya ha pasado ya que estas cosas han acontecido".

Por lo tanto, Lucas 24:21 de ninguna manera apoya la enseñanza de que Jesús resucitó de entre los muertos el primer día de la semana a la salida del sol." ('El Día Que Jesús el Cristo Murió' por F. Coulter, Apéndice B)

La Biblia simplemente no enseña ni que Jesús fue crucificado un día viernes ni que resucitó un día domingo. Nuestro Salvador estuvo muerto y enterrado en la tierra un total de tres días y tres noches, lo que demuestra para todas las edades que Él era y es el Mesías.

BIBLIOGRAFÍA

-'The Seven Feasts Of Israel' por Zola Levitt. Publicaciones Zola Levitt - 1979.

En su libro, Zola Levitt cita a la obstetra, Margaret Matheson.

- El artículo original del Apéndice se puede encontrar en el siguiente enlace:

http://www.biblestudy.org/basicart/was-jesus-in-the-grave-for-three-days-and-nights.html

En este artículo se citan los siguientes autores:

'The Day Jesus The Christ Died' por F. Coulter

En su libro, F. Coulter cita a A.T .Robertson

Estimado Lector

Nos interesa mucho sus comentarios y opiniones sobre esta obra. Por favor ayúdenos comentando sobre este libro. Puede hacerlo dejando una reseña en la tienda donde lo ha adquirido.

Puede también escribirnos por correo electrónico a la dirección info@editorialimagen.com

Si desea más libros como éste puedes visitar el sitio de **Editorialimagen.com** para ver los nuevos títulos disponibles y aprovechar los descuentos y precios especiales que publicamos cada semana.

Allí mismo puede contactarnos directamente si tiene dudas, preguntas o cualquier sugerencia. ¡Esperamos saber de usted!

Más libros de interés

Ángeles en la Tierra - Historias reales de personas que han tenido experiencias sobrenaturales con un ángel

Este libro no pretende ser un estudio bíblico exhaustivo de los ángeles según la Biblia – hay muchos libros que tratan ese tema. Los ángeles son tan reales y la mayoría de las personas han tenido por lo menos una experiencia sobrenatural o inexplicable.

Conociendo más a la persona del Espíritu Santo

Este libro sobre la Persona del Espíritu Santo es el relato de un viaje personal. Después de muchos años de ser creyentes el Señor puso una inquietud en mi vida y la de mi esposo - la inquietud por buscar la llenura del Espíritu Santo. Fue un 'viaje' donde aprendimos mucho y en estas páginas comparto esa aventura espiritual.

El Ayuno, una cita con Dios

El poder espiritual y los grandes beneficios del ayuno

Descubre lo que dice la Biblia sobre el ayuno y todos los beneficios que trae realizar un ayuno escogido por Dios. Si estás buscando una unción especial para tu ministerio, tal vez el ayuno es la respuesta que necesitas.

Perlas de Gran Precio

Descubriendo verdades escondidas de la Palabra de Dios

La Palabra de Dios contiene un mensaje maravilloso y nos permite descubrir las verdades sobre nuestro Padre, sobre nuestro Salvador y sobre el Espíritu Santo. Leemos que "si buscamos, encontraremos" y hay muchas verdades, como así también principios espirituales, que están 'escondidas' como las perlas, esperando ser encontradas por aquellos que realmente quieren saber más.

Espíritu Santo, ¡Sopla En Mí!
Aprendiendo los secretos para un vida de poder espiritual

Este libro te guiará a conocer al Espíritu Santo como persona. También aprenderás que es posible vivir una vida llena de su presencia. ¡Vivir una vida en lo sobrenatural es posible!

Dios está en Control - Descubre cómo librarte de tus temores y disfrutar la paz de Dios

En este libro, el pastor Jorge Lozano, quien nació en México y vive en Argentina desde hace más de 20 años, nos enseña cómo librarnos de los temores para que podamos experimentar la paz de Dios.

La Ley Dietética - La clave de Dios para la salud y la felicidad

Es hora de que rompamos la miserable barrera nutricional y empecemos a disfrutar de la buena salud y el bienestar que Dios quiere que tengamos. Al leer este libro descubrirás los fundamentos para edificar un cuerpo fuerte y sano que dure mucho tiempo, para que disfrutes la vida y para que sirvas al Señor y a su pueblo por muchos años.

Gracia para Vivir - Descubre cómo vivir la vida cristiana y ser parte de los planes de Dios

Martin Field, teólogo del Moore Theological College en Sidney, Australia, nos comparte en este libro sobre la gracia que proviene de Dios. La misma gracia que trae salvación también nos enseña cómo vivir mientras esperamos la venida de Jesús.

Vida Cristiana Victoriosa
Fortalece tu fe para caminar más cerca de Dios

En este libro descubrirás cómo vivir la vida victoriosa, Cómo ser amigo de Dios y ganarse Su favor, Lo que hace la diferencia, Cómo te ve Dios, Cómo ser un guerrero de Dios, La grandeza de nuestro Dios, La verdadera adoración, Cómo vencer la tentación y Por qué Dios permite el sufrimiento, entre muchos otros temas.

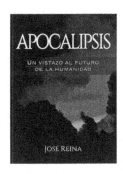

Apocalipsis - Un vistazo al futuro de la humanidad

¿Qué pasará con la humanidad? ¿Será destruido el planeta tierra? No hay dudas que nuestro planeta sufre los peores momentos. Ante una cada vez mas intensa ola de desastres naturales y la presente realidad de una sociedad resquebrajada moralmente. Surgen las preguntas: ¿Hacia dónde se encamina la humanidad entera? ¿Tiene su historia un propósito? ¿Dónde encontrar respuestas?

Made in the USA
Coppell, TX
12 October 2022